U0033687

# 國民政府
# 政治工作總報告書

## 1930 年
### 上冊

Nationalist Government Policy Reports, 1930

Section I

# 編輯說明

　　依國民政府建設國家程序的三個階段，1930 年時為訓政時期，國民政府在執行政治方案上對中國國民黨負責。中國國民黨中央執行委員會負指導監督國民政府重大國務施行之責，中國國民黨中央執行委員會政治會議則議決國民政府組織法之修正及解釋。因而訓政時期，常有「以黨領政」的說法。

　　本套書《國民政府政治工作總報告書》（1930），即國民政府 1930 年 3 月至 10 月的施政成果，以及針對中國國民黨第三屆中央執行委員會第三次全體會議（三屆三中全會，1930 年 2 月至 3 月）所提出之建議辦理結果，提交予中國國民黨第三屆中央執行委員會第四次全體會議（三屆四中全會，1930 年 11 月至 12 月）之報告書。內容涵蓋國民政府以下，包括行政院、立法院、司法院、考試院、監察院、審計院、中央研究院、參謀本部、訓練總監部、國軍編遣委員會、首都建設委員會、導淮委員會等各機關。

　　中國國民黨中央執行委員會可稱是最高決策機關，但並不能直接指揮國民政府，國民政府（政）與中國國民黨（黨）終究分屬不同體系，只能在全體會議（全會）時，審議國民政府的施政成果。

　　本套書依據原稿全文錄入，僅新增標點。另在編輯過程中，為便利閱讀，部分罕用字、簡字、通同字，在不影響文意下，改以現行字，恕不一一標注。

第三屆中央執行委員會名單（1929 年 3 月選出）

（一）中央執行委員

| | | | |
|---|---|---|---|
| 蔣中正 | 譚延闓△ | 戴傳賢 | 何應欽 |
| 胡漢民 | 孫　科 | 閻錫山✕ | 陳果夫 |
| 陳銘樞 | 葉楚傖 | 朱培德 | 馮玉祥✕ |
| 吳鐵城 | 于右任 | 宋慶齡 | 宋子文 |
| 汪精衛✕ | 伍朝樞 | 何成濬 | 李文範 |
| 王柏齡 | 邵元冲 | 朱家驊 | 張　羣 |
| 劉　峙 | 楊樹莊 | 方振武✕ | 趙戴文✕ |
| 周啟剛 | 陳立夫 | 陳肇英 | 劉紀文 |
| 劉蘆隱 | 丁惟汾 | 曾養甫 | 方覺慧 |

（二）候補中央執行委員

| | | | |
|---|---|---|---|
| 王伯羣◎ | 丁超五◎ | 王正廷◎ | 陳耀垣◎ |
| 張　貞◎ | 孔祥熙◎ | 劉文島 | 魯滌平 |
| 張道藩 | 繆　斌 | 趙丕廉 | 經亨頤 |
| 余井塘 | 桂崇基 | 薛篤弼 | 焦易堂 |
| 馬超俊 | 鹿鍾麟 | 陳濟棠 | 黃　實 |
| 陳　策 | 程天放 | 苗培成 | 克興額 |

（✕表示開除黨籍：馮玉祥 1929 年 6 月；

　　汪精衛 1930 年 3 月；閻錫山 1930 年 11 月；

　　趙戴文 1930 年 11 月；方振武 1931 年 2 月）

（△表示病故出缺：譚延闓 1930 年 11 月）

（◎表示遞補中央執行委員）

（楷體字表示 1930 年 11 月時在任國民政府委員）

# 目錄

## 1930 年中冊

## 1930 年下冊

# 國民政府政治工作總報告書
## 十九年十一月

## 國民政府報告書

　　國民政府受中國國民黨之指導監督，總攬治權，處理國務，自訓政期限經奉確定以後，一切工作無不恪遵總理遺教及本黨政綱政策與夫中央歷次決議之具體方案，以根本建設為準的，以訓練人民行使政權為梯階，而以隨時督飭所屬於其主管事項各盡職責為日常履行之要務，顧以國基初奠，待理萬端。自第三屆中央執行委員會第三次全體會議之日起，以迄於今，時閱八月，在此期間，國內殘餘軍閥與各種反革命勢力勾結煽亂，幾無已時，加以匪共披猖，乘間竊發，惡氛所及，北亙燕并南連湘桂，國家統一之基礎既時時慮其動搖，中央政令之推行亦在在為所間阻。政府於此，以訓政實施既已定有限期，本無可稍事紆迴，而秩序不立，障礙不除，又無建設可言，用是半載以來，艱難撐柱，一方固蘄肅清叛逆鞏固統一勉為主義求實現，一方仍在勗力建設導揚民治藉策訓政之推行，責任既鉅，兢惕滋深，所幸得本黨同志之扶助，忠勇將士之奮鬥，以及全國人民之擁護，一切變亂悉告敉平，統一之治於以大定。其在政治上之設施，雖因時局影響間有稽滯，而根本大計尚無墮廢。值茲祥和重現本黨第三屆第四次全體會議開會之際，檢查過去工作，應有報告臚陳始末，除中央第二次、第三次全體會議先後決議交辦各案，均已分別飭由

各主管機關遵辦，歷將辦理經過情形隨時專案轉陳，仍
於各該機關報告內擇要詳述外，謹將各院部會工作概況
依照行政系統彙次於後，並先擇其最關重要者提挈綱領
敬陳如左。

## 一、關於平定內亂事項

　　當三中全會開會之際，閻逆錫山、馮逆玉祥正集
合各派各系反動份子圖謀不軌，一方倡為謬說，冒列各
將領名銜，妄發通電，淆惑聽聞，一方擅調軍隊侵入魯
境，由荷澤而進逼德州。雖奉中央派員調查，切實誥
誡，而該逆等仍執迷不悟，肆意反抗，且更變本加厲，
由津浦線侵入隴海、平漢二路，強佔汴鄭，劫奪中央直
屬各駐平機關。政府職責所在，為維持黨紀，伸張國法
計，不得已始於四月五日明令拿辦，申罪致討，並於五
月八日由陸海空軍總司令親率師旅痛加征剿，旌旗所
指，逆軍披靡。不意我軍既克歸德，進至蘭封，閻、馮
兩逆忽餌誘張桂餘孽擾我後方，竊踞長沙，以資牽制。
同時該逆等自領逆軍大舉犯魯，先後寇陷我濟南、泰
安，迨六月七日駐湘中央軍收復湘垣，該逆等又復潛令
共匪彭德懷、黃公畧等四出抄襲，致長沙重告淪陷，其
時討逆軍事正甚緊張，湘警踵至，社會驚疑，所幸將士
效命，民眾歸心，得於八月五日二次克復長沙，逾六日
而泰安亦下，又八日大軍收復濟南，覆滅閻逆主力，並
迭次擊潰隴海線殘寇，風聲所播，各路逆軍漸呈分崩之
象，政府於此乃發布明令勸告閻、馮二逆部隊去逆效順
以自新。不意該兩逆怙惡不悛，不惟無悔禍之意，反積

極組織偽政府，掠奪津海關，妄冀摧陷我黨國於破壞分裂之境，我軍無可再忍，乃復向平漢、隴海兩路奮力猛進，自九月十一日施行總攻擊以後，節節勝利，次第克復考城、蘭封、開封、鄭州、洛陽諸名城，大河以南殘餘逆部肅清淨盡，偽政府魁首狼狽竄匿，陸海空軍總司令乃告凱旋。現在國軍已定西安，正督率士卒東規晉綏，西撫甘寧，軍事結束轉瞬可期，一切封建餘毒及反動勢力已成弩末，即可芟除，此誠完成統一最後之一役，實亦黨國安危隆替之關鍵所繫焉。

## 二、關於外交事項

自第三屆中央執行委員會第三次全體會議閉會以還，政府對於外交事件仍依本黨政策繼續努力，以期躋國家於獨立自由平等之域，其成績之重大而可言者，約有四項。

### （一）法權問題

關於改組上海公共租界法院一案，前經飭由外交、司法兩方派員與各國所派委員討論會商成立新協定，於本年三月三日由行政院轉據外交部呈報到府，其間關於中國法律之適用訴訟，土地管轄之變更，觀審會審之取消，書記官長之任用，檢察官及承發吏之設置，法院判決之執行，女監及民事拘留所之管理，監犯之移送，外國律師之限制等，均有圓滿之結果。凡舊協定中有損我國法權各點，悉予排除。近查新法院成立以來，中外亦均相安，至其他有條約各國對於法權問題尚有待

於修訂者，或俟舊約屆滿商議取消，或在舊約未滿之前我先自動聲明收回，正由政府督飭主管院部相機辦理，務於最短期內完整我固有之法權，提高我國際之地位。

## （二）收回租借地問題

案查天津比租界及鎮江英租界先後收回之經過情形，前已詳細報告於三中全會，繼此交涉收回及今幸告成功者，則有租借於英之威海衛。當交涉進行之中，英使堅持須照十三年原擬草案，而我方以形勢變遷，認為應行修改之點甚多，經外交部一再磋商，始行議訂專約二十條、協定六條及附件等。我國派王正廷為全權代表，與英國全權代表藍普森於四月十八日會同簽字，較之十三年原訂草案頗多變更之處，旋經政府交立法院決議通過，於九月二十七日批准互換。其收回後，關於行政上之管理，復經依照中央政治會議決議案設置威海衛管理公署，制定組織條例，委派專員組織成立，另由財政部設置海關照章徵稅。此外尚有廈門英租界亦已由外交部於九月十七日與英使換文，正式取消，所有咸豐元年租借之文件亦一併作廢，界內地畝由英國所發之皇家契據為外國人民或中國人民持有者，同時分別換給適宜之契據，以資整理。

## （三）締結平等新約

自本年三月以還，我國與各國擬訂新約，均循往昔既定方針，一秉互尊主權之旨，平等締結。如中捷友好條約係於四月二十五日批准，中日關稅協定係於五月

十四日批准。此外如中土友好通商條約、中國波蘭商
約、中日電信合同、中日庚款協定，均在分別進行之
中，詳見外交部報告，不另贅敘。

（四）中東路事件

　　中東路之交涉，前因蔡交涉員運升在伯力簽立之
紀錄逾越權限，經政府撤懲，遴派莫德惠為全權代表前
往莫斯科出席正式會議，並令先就本問題謀最後公允之
解決。至中央政治會議所指示之方針，亦經轉飭莫代表
遵照辦理，茲據外交部報告已於十月十一日正式開會
矣。

## 三、關於制定法規事項

　　自本年三月一日起至十月三十一日止政府所繼續制
定之法規計共四十三種，修正者十八種，其間最關重要
切於實用而又幾經詳審始行公布者，如土地法則必求其
適合於總理平均地權之遺訓，勞資爭議處理法則必無背
於本黨提倡勞資合作之深意，工會法施行法則在納工運
於正軌而立團體組織之範圍，訴願法則在予民眾以便利
而防行政處分之錯誤，礦業法及電氣事業條例則在扶助
全國實業之發展，市組織法則在適合現時行政之系統，
鄉鎮坊自治職員選舉及罷免法則在充實人民自治力量而
使之便於運用。此外凡所公布之法律，無不為目前所急
需，茲謹於書後另列附表，以便省覽。

## 四、關於財政事項

　　財政一端關係國計民生至為重大，自本年三月以來，政府所經辦者可分四項言之如下。

### （一）編造預算之催促

　　十九年度試辦預算章程，前於本年二月二十六日公布施行，經即督飭各機關如限編造，嗣據財政部呈以我國幅員廣漠，交通艱阻，欲於一個月內將第一級預算完全編送，原為難能之事，加以西南之兵氣未銷，西北之事變又起，深恐第二級預算難以如期編成，因擬及時設法補救，呈由中央政治會議決議各機關預算在十九年開始時，未經核定者可照十八年度核定案執行之，新事業之預算由政治會議核定之。經政府於七月七日令飭行政院轉飭遵辦，其有未經核定超出定額之開支，並經通飭應由出納官吏負責賠償，而屬於國家支出之十九年度預算，亦限於本年十月底一律編送，有不依限造送者即以不發經費取締之。

### （二）裁釐之展緩

　　裁撤全國釐金及類似釐金之一切稅捐，原為本黨既定政策，前經政府明令自本年十月十日起一律撤廢，並飭財政部積極籌備召集各省財政人員及經濟專家籌議抵補方案。嗣該部以軍事發生，多數省分淪於戰區，且有匪共為擾，一旦驟行更張，障礙實多，陳經中央政治會議核准暫緩裁撤，惟仍附帶決議必須於二十年一月一日以前見諸實施，並即函由政府明令公布責成行政院督

飭財政部積極籌備如期實行。此於變通展緩之中，仍寓計日程功之意，於本黨既定政策固無間也。

（三）關稅之整頓

　　查我國海關進口稅稅則，自十八年二月一日施行以來，稅收總數雖有增加，而該稅則編制之初，各國關稅條約尚未完全成立，稅率不無遷就體例，亦多沿襲。現在關稅條約，各國均已簽竣，關稅主權業告完整，海關進口稅則亟待重行修訂，爰經政府令飭財政部重擬草案呈候轉交立法院議決公布施行。

（四）金貴銀賤之救濟

　　本年春夏之交，上海商埠忽發生金貴銀賤風潮，全國金融胥受影響，對外貿易頓告停滯，關係我國國家經濟及社會生計至重且鉅。嗣由中央政治會議決議交由政府頒發明令禁金出口，並禁止大宗外國銀幣進口，停止投機買賣，藉資救濟，同時並據行政院轉呈工商部所擬便利運輸救濟金貴銀賤方案及交通、鐵道兩部對於該案之核議情形，復經國務會議決議，仍交行政院轉飭各主管部分別負責辦理矣。至金貴銀賤之遠因近果暨救濟辦法，議者不一，其說除禁金出口等治標各端已分別舉辦如前所陳敘者外，其治本之有效辦法亦正在各主管機關詳晰研究之中，俟定有具體方案，當以次見諸實施。

## 五、關於建設事項

　　訓政期內之根本工作原以建設為先務，政府前准

中央政治會議咨送第三屆中央執行委員會第三次全體會議通過之建設方針案，隨即轉令行政院飭交主管各部會切實遵照辦理，惟各項建設在在需款，第三屆中央執行委員會第二次全體會議對於經費問題，議決撥用庚款，除全部三分之二撥為鐵道建築經費外，並經中央政治會議議定英俄庚款餘額三分之一，以百分比分作興辦水利電氣之用，計導淮工程百分之四十，黃河水利、廣東水利、電氣事業各百分之二十，至電氣事業項下能否分撥一部份為基本工業之用，由工商部與建設委員會協商其管理方法，業經政府飭由行政院轉飭有關各部會組織委員會妥議具復，以便核定施行。此關於一般建設計劃及經費規定之進行情形也。又東方大港及北方大港之初步計劃並籌款辦法，前經建設委員會分別擬定，提請中央執行委員會轉交到府，已飭行政院轉令該會及財政、工商二部開會商定籌款辦法呈復核准照辦，已另詳於該部會工作報告內。至導淮工程範圍至廣，業經飭由該委員會測量水文，擬具初步計劃，積極進行。廣東水利亦經廣東治河委員會按照預定計劃施工，頗有成績。惟黃河水利委員會久未成立，政府以三中全會決議之開發黃洮涇渭汾洛潁等河救濟西北民食一案，規定工程之計畫及管理，係由建設委員會會同隴秦豫晉綏五省建設廳組織修治西北河流處辦理，因將計劃治理黃河事宜改由建設委員會兼辦，以利進行。此關於開發水利進行之情形也。又首都建設為中外觀瞻所繫，籌畫進行尤不可緩，政府前經決定明故宮為中央政府行政區域，由首都建設委員會劃定全城路線，繪就幹路系統圖，擬具路名，先

後呈府核准公布，並飭首都各機關凡遇徵收土地及建築等事，須先函咨該會審查免與國都設計有礙，惟以國家財力一時尚不能相應，致行政區域之實施工程暫難著手。此關於首都建設之進行情形也。此外如招商局之整理，前經遵照二中全會決議分別派定代行委員會及專員職權各負責人員著手整理，本年九月又經制定整理招商局暫行條例，組織委員會，任命委員長、委員及專員繼續進行，但因該局虧負過鉅，積弊太深，已往整理成效尚未足以慰孚民望，且航運應為國營事業，非改革現制殊無以挽回航權，乃於十月二十八日遵照中央執行委員會決議，明令收歸國營。關於股權債務之清理等事宜，即由該整理委員會妥擬辦法呈核施行。此事關係於航業之整頓，合併陳明。

## 六、關於促進地方自治事項

訓練人民行使政權，原以實施地方自治為主要條件，而實施地方自治又以完成縣組織為先務。二中全會前經決議限於民國十九年內依照縣組織法完成縣組織，同時訓政人員初期訓練完畢而縣組織法施行法第二條對於各省完成縣組織之期限又有明文分別規定，其第三條並規定如因特別障故展期不得逾兩個月，內政部曾依據以上各項規定制定完成縣自治實施方案分年進行程序表，通行遵辦。惟一年以來時局不靖，或因土匪擾亂，秩序未復，或因軍事影響，財政竭蹶，或因僻處邊遠，地方閉塞，多數省分俱以量予展緩為請，政府體察情形不能不分別照准。又以展緩之期原有限制，按照法定明

文仍以兩個月為度，過此均未之許。計截至本年十月止，已准展緩者有山東、江蘇、浙江、山西、河北、廣東、湖北、福建、安徽、江西等十省，此關於督促完成縣組織之經過情形也。又自治法規須求完善，從前所制定者間有必須修改之處，如鄉鎮戶口均以百戶者居多，本宜於全體公民出席鄉民或鎮民大會直接立法，無須運用創制複決之程序為之，救濟區則係合若干鄉鎮而成，其公民人數較多，在事實上不便於直接立法，宜以立法權委諸區務會議全體公民，只須在區民大會行使其創制複決之權即可，但鄉鎮既採直接立法制，則其戶口應有相當之限制，在戶口較多之鄉鎮事務雖較繁劇，亦無每增百戶而增設一副鄉長或副鎮長之必要，且鄉鎮戶口如規定為少者百戶、多者千戶，是戶口最多之十鄉鎮其人數已倍多於戶口最少之五十鄉鎮，查縣組織法第六條規定每區以二十至五十鄉鎮組成之，似此彈性尚嫌不足，應酌改為每區以十鄉鎮至五十鄉鎮組成之。至區民大會分場開會，自以固定在各鄉鎮為宜，而其行使創制複決權時又只有可否之表決，自亦無開預備會整理議案之必要。基於以上各理由，縣組織法第六、第七、第四十、第四十三各條文，區自治施行法第十七、第十九、第二十、第二十六、第三十八、第六十四、第六十五各條文及鄉鎮自治施行法第十四、第十五、第二十一、第六十二各條文實有同時修正之必要，前據立法院決議呈府，已於本年七月七日明令分別修正公布施行矣。此關於釐正自治法規之經過情形也。

## 七、關於厲行考試及銓敍事項

訓政實施之始，關於一切公務員之任用，自應慎審從事，嚴格選擇，以立法治之基礎。本年三月二十七日政府既以明令規定四月一日為考試法施行日期，八月二十三日又發布明令以民國二十年一月一日為公務員任用條例施行日期，而考試法施行細則、典試規程亦經考試院擬定襄理考試條例及監試條例，並在立法院審核之中。其應考人專門資格審查規則則經政府核定飭由考試院公布施行，至其他各種考試規章以各國制度少有先例可資參考，故起草及審定頗費時日，現在考試院已經全部擬就，不日即可提出公布施行。在考試未舉行以前，京內外各機關考試屬員辦法原不一致，成績參差亦所不免，自不得不嚴加審核，以資取締。現經考試院擬具考試覆核條例草案呈由政府核交立法院審議，其縣長考試暫行條例有效期間原以本年三月底為止，但據行政院轉呈，現當籌備地方自治明定期限督促進行之際，縣長人選關係綦重，從前之縣長考試僅有少數省分舉行一次或二次，錄取名額亦屬有限，請予延長縣長考試暫行條例有效期間至本年十二月底止。政府體察情形，不能不予照准。至正式法官考試現在尚未舉行，而各法院又迫於事實需人孔殷，不得不有暫時救濟辦法，爰特制定法官初試暫行條例於本年十月七日公布施行，並規定考試完竣即行廢止。此關於考試事項督促進行之大概情形也。然考試登進與銓敍官吏二者原屬一貫，公務員任用條例既以二十年一月一日為施行時期，則現任公務員之甄別自不可緩，政府前既制定現任公務員甄別審查條例通飭

施行，本年四月十四日復公布該條例施行細則，並督飭
考試院及時舉辦，務於本年內實施，以符法令。該院已
於本年五月通行各機關限期填表，送由銓敘部依法審
查，除有特別情形各省分外，中央及地方各級機關之現
任公務人員目前一律在銓敘部依法審查之中，其已經審
查完畢陸續公布者亦復不少，政府以該項甄別審查非於
本年底辦竣不能與公務員任用條例施行之期適相銜接，
業經通飭各機關在本年九月底以前任用人員限於年內填
表轉送審查，逾期一律不予甄別，以免延宕。此關於銓
敘事項督促進行之大概情形也。

## 八、關於賑災事項

　　政府對於全國賑災事宜，本已設有賑務委員會負
責承辦，惟自軍事發生而後，戰地災民創鉅痛深，其有
被匪共蹂躪者，顛沛流離尤堪憫惻，近數月來除尋常災
害調查賑濟等事均由賑務委員會酌量情形統籌辦理外，
其災情重大逕由政府頒發帑款施放急賑者，則如湖南長
沙於收復後經撥賑款十萬元，山東泰安及安徽亳縣於克
復後各撥賑款三萬元交由各該省政府切實散放，河南歸
德一帶地方人民慘遭戰禍，克復後亦經令由行政院飭部
撥款，交由賑務委員會派員前往調查辦理急賑，此屬於
國內者也。其在駐外華僑則如南洋荷屬婆羅洲西區首府
坤甸之火災，我國僑民損害甚鉅，政府以該埠華僑贊助
革命夙著熱忱，經於九月二十三日明令飭由行政院轉飭
財政部電匯五萬元，廣東省政府電匯三萬元，福建省政
府電匯二萬元，切實賑濟以慰僑情，此屬於國外者也。

然賑濟之事宜準備於先，天災流行原無定時，如非預先存儲的款以備發放，則臨時籌措或有不及，萬一災區廣漠，撫卹尤恐難周，政府有鑒於此，經已制定救災準備金法，規定國民政府每年由經常預算收入總額內支出百分之一，為中央救災準備金，各省政府每年由經常預算收入總額內支出百分之二，為省救災準備金，各設保管委員會負責保管，不得移作別用，遇有非常災害為縣市所不能救卹時，則以省救災準備金補助之，不足再以中央救災準備金補助之。該法業於本年十月十八日公布施行，從此賑款有著，縱遇重大災害，隨時隨處可資救濟，當無臨渴掘井之憂，顧此失彼之患矣。

以上各項係就政府過去八月主持辦理及督促進行之經過，擇其有關大計者粗陳梗概，以備考察。此外經辦之事，或鉅或細，不勝列舉，容於各主管院部會工作報告內詳之。

抑尤有進者，一國之政治必須隨時改善，日有進步，充其所至原無止境，現當訓政實施之際，舉凡各項根本建設方案，自須一一促其實現。惟鑒於前此之禍亂相尋，干戈難弭，國家大政動至稽延，則當海宇再奠之後，應有久安長治之圖。一方面固須急起直追，勇猛精進，以補既往之蹉跎，一方面尤須崇樹宏觀，永塞亂源，以保已彰之成績。蓋殲除叛逆，遏止反動，原所以求統一與和平之確立，而鞏固統一保持和平又非努力於訓政與建設不為功，障礙既除，責任有屬，政府於此竊願以下列數事為最近期內儘先著手之至要工作。

一、匪共為害匪伊朝夕，政府前既延長懲治盜匪暫行
　　條例施行期間自本年五月十八日起繼續六個月，
　　又先後於蘇、浙、皖三省及湘、鄂、贛三省分別特
　　派剿匪專員負責剿辦，原期早日肅清以安閭閻，
　　顧因討逆軍興兼顧難周，此剿彼竄未由防堵，致
　　有七月二十七日長沙之變，妖氛之熾連於數省，
　　此誠政府夙夕所引為心疚者也。現值軍事結束，
　　時局粗平，亟應安定社會，建立秩序，以促訓政
　　之實施，擬即責成軍事長官及地方政府趕緊籌
　　畫，一面劃定區域，各負全責，一面為整個的進
　　行協力兜剿，務於最短期內剷除淨盡，同時屬行
　　縣保衛團法，增進人民自衛能力，並實行清查戶
　　口，以絕奸宄之混匿。至失業人民亦應及時救
　　濟，政府於此前經設立研究委員會，徵求各方意
　　見，現在仍當督促，迅定具體方案採擇施行，以
　　塞亂源而固民志。此關於肅清匪共者一也。

二、財政為國家命脈，比年反動迭起，關於財政上一切
　　扼要之圖，動遭牽掣，無從實施，凡所以補苴彌縫
　　幸無差忒者，亦只為臨時應付局部規畫而已。現在
　　軍事大定，亟宜從根本上著手，通盤籌維，如稅收
　　之整頓，幣制之統一，內外債之清理，以及行政制
　　度之革新，會計審計制度之確定，均須有精密之計
　　劃見諸實行，而其當務之急，尤莫如確立預算一事
　　為最不可緩，蓋預算不立則款項之出納不得均衡，
　　而國家與地方之收支尤易混亂，欲明軌範，此為先
　　務，政府必當加緊催促，切實監督，並屬行節約，

絕對公開，以祛浮濫而裕計政。此關於整理財政者二也。

三、經濟建設為訓政時期之主要工作，政府以今日國家產業之衰微，人民生計之枯窘，非恪遵總理所示為國造產之遺訓，及物質建設之計劃，並依本黨所定發展各種基本工業之方案切實施行，力圖發展，不足以救貧弱而遏帝國主義之侵略。自今以後，自當厚集力量，並以勇猛奮進之精神從事於經濟建設之一途，諸如鐵路之推廣，航業之擴充，農礦之開發，工商之保護，以及其他水利之經營，森林之建造，電氣事業之進展，均須詳細規劃，依國家之財力並利用外國之機器與技術，次第舉辦，庶社會經濟基礎得以確立，國家建設大計亦能實現。此關於發展經濟者三也

四、行政運用全在得人，吏治一端關係實非淺鮮。從前國家統一迭遭危害，一切法制亦未明備，雖政府所屬各級機關均已逐漸成立，而職權之劃分工作之程序每多淆紊，未盡分明，遂不免有因循諉餙之弊，設非及時加以取締，不獨建設事業進行難期迅速，且懼積習未除，將更暴露政治上力量之弱點，有玷國民革命之成績，政府於此自當正本清源，切實整頓，一面厲行考試制度慎選於先，一面實行監察制度檢舉於後，同時並當依據治權行使之規律，釐正行政系統，確定政治責任，嚴行考績，不少寬假，庶於官常得無墮敗，而於治理亦有裨益。此關於整頓吏治者四也。

五、推進地方自治一事，中央歷次集會罔不明白宣示，
　　以為訓政工作之重心。誠以訓政云者，即訓練人
　　民行使四權之謂，而民權之實際則必從地方自治
　　立其始基，惟政府對於此事雖曾三令五申嚴行督
　　促，而各省之奉行者每多稽滯，不能與預定之程
　　期相應，良以叛逆迭起，障礙橫生，一切應行籌
　　備之事無從著手。所致茲者，國難既夷，民志大
　　定，政府感於六年光陰之迅速，自必殫精竭力從
　　事於地方自治積極之促進，督促各省依照法令規
　　定程序完成其組織，充實其基礎，如期實施，無
　　再延誤，庶民權力量確能發展，訓政旨趣乃有歸
　　宿。此關於促進地方自治者五也。

　　以上五端均合全國國民之期望，亦為目前國家實
際所需，求政府職責所在，未敢怠弛，竊願以此自矢，
督飭所屬，淬礪奮發，一致進行，期樹建設之宏模，
增進國家之地位。上所附陳，容有未備，惟鑒察而督
教之。

附國民政府制定公布法規一覽表

| 名稱 | 公布日期 |
|---|---|
| 軍人反省院條例 | 19/3/3 |
| 鐵路員工服務條例 | 19/3/3 |
| 首都衛戍司令部組織條例 | 19/3/17 |
| 勞資爭議處理法 | 19/3/17 |
| 郵運航空處組織條例 | 19/3/18 |
| 訴願法 | 19/3/24 |
| 中央防疫處組織條例 | 19/3/24 |
| 陸海空軍審判法 | 19/3/24 |
| 電氣事業條例 | 19/3/31 |
| 民國十九年捲菸稅庫券條例 | 19/3/31 |
| 現任公務員甄別審查條例施行細則 | 19/4/14 |
| 商標法 | 19/5/6 |
| 海軍測量標條例 | 19/5/6 |
| 市組織法 | 19/5/20 |
| 鑛業法 | 19/5/26 |
| 西醫條例 | 19/5/27 |
| 宣誓條例 | 19/5/27 |
| 浙江省杭州市自來水公債條例 | 19/5/28 |
| 古物保存法 | 19/6/2 |
| 軍政部航空學校條例 | 19/6/2 |
| 軍政部航空學校編制表 | 19/6/2 |
| 軍政部航空學校教育綱領 | 19/6/2 |
| 軍政部航空學校附屬工廠編制表 | 19/6/2 |
| 鐵道軍運條例 | 19/6/3 |
| 工會法施行法 | 19/6/6 |
| 民國十九年浙江省賑災公債條例 | 19/6/9 |
| 土地法 | 19/6/30 |
| 票據法施行法 | 19/7/1 |
| 鄉鎮坊自治職員選舉及罷免法 | 19/7/19 |
| 江蘇省建設公債條例 | 19/8/4 |
| 陸軍禮節條例 | 19/8/8 |
| 民國十九年關稅短期庫券條例 | 19/8/14 |
| 度量衡器具營業條例 | 19/9/1 |
| 參謀本部陸海空軍駐外武官條例 | 19/9/15 |
| 國民政府整理招商暫行條例 | 19/9/16 |
| 威海衛管理公署組織條例 | 19/10/2 |
| 國葬法 | 19/10/7 |
| 陸海空軍懲罰法 | 19/10/7 |
| 法官初試暫行條例 | 19/10/7 |
| 國葬儀式 | 19/10/15 |

| 名稱 | 公布日期 |
|------|---------|
| 救災準備金法 | 19/10/18 |
| 團體協約法 | 19/10/28 |
| 民國十九年善後短期庫券條例 | 19/10/31 |

## 國民政府修正公布法規一覽表

| 名稱 | 公布日期 |
|------|---------|
| 修正商會法第四十二條 | 19/3/3 |
| 修正陸軍軍常服軍禮服條例 | 19/3/5 |
| 修正民國十八年交通部電政公債條例為民國十九年交通部電政公債條例 | 19/3/17 |
| 修正考選委員會組織法 | 19/3/17 |
| 修正各項船舶旗幟圖 | 19/3/21 |
| 修正司法院監督國立大學法律科規程第二條 | 19/4/7 |
| 修正司法院特許私立法政學校設立規程 | 19/4/7 |
| 修正共產黨人自首法第七條 | 19/4/26 |
| 修正國民政府軍用運輸護照規則施行細則第三條第三項 | 19/5/6 |
| 修正國民政府軍用運輸護照規則 | 19/5/12 |
| 修正農鑛部組織法 | 19/6/9 |
| 修正行政院組織法第一條、第五條、第七條、第八條 | 19/6/10 |
| 修正立法院組織法第十一條 | 19/7/7 |
| 修正縣組織法第六條、第七條、第四十條、第四十三條 | 19/7/7 |
| 修正區自治施行法第十七、十九、二十、廿六、卅八、六十四、六十五條 | 19/7/7 |
| 修正鄉鎮自治施行法第十四、十五、廿一、六十二條 | 19/7/7 |
| 修正工商同業工會法 | 19/8/9 |
| 修正民國十九年關稅短期庫券條例 | 19/10/7 |

# 行政院報告書

　　竊自三中全會閉會以還，迄今八閱月矣。綜此八閱月中，所有本院執掌內應辦之事項以及三中全會決議交辦、二中全會交辦未竣之各案，均經按其性質種類指揮主管各部會一一遵照進行。雖期間叛變迭起，軍事倥傯，致未克悉著全功，惟證以各部會實施經過，幸尚能因應時宜，黽勉從事，未嘗以環境艱難而稍有曠弛。其關涉於軍事範圍者，如軍政機關對於討逆討共之助勸擘劃，財政機關對於軍旅餉糈之籌維輸解，民政機關對於後方公安之防護鎮懾，交通機關對於路電郵航之疏通聯絡，屬於臨時特殊之任務者無論已。即在一般工作，亦無不勉竭智能，依照黨國政策悉力以赴事功，舉其概要，對外若中美公斷條約、越南及中法邊省關係條約、中日關稅協定、中英互換退還庚款照會、中波友好通商航海條約、中土友好通商條約等平等新約之締結，威海衛租借地及廈門租界之收回，國內若教育會議、蒙古會議之召集，工商會議、內政會議之籌備，以及地方自治之推行，財政統一之促進，水旱災祲之賑濟，教育之改進，蒙事之革新，農鑛、工商、路電、郵航、水利、衛生、禁煙諸事業之經營整理，莫不粗具相當之成效。茲屆四中全會開會之期，謹就已往工作暨將來計劃督飭所屬各部會臚列報告，用備考核。至兩部會以上互有關係，暨各省市地方行政之重要事項，均分別歸納敘述於各部會報告之中，不另論列，以重系統而免繁複，幸鑒察焉。

# 內政部

本部自十九年三月三中全會閉會之日起,至現在止所有各項經辦及籌畫進行事項均經呈報有案,對於各省辦理自治情形並經按月呈報中央查考,茲遵照國民政府第五五七號訓令將應行報告各項事務注意於既往及將來,為有系統之敘述摘要,分陳如左。

## 一、關於地方行政制度事項

現在地方行政制度依照建國大綱「縣為自治單位,省立於中央與縣之間,以收聯絡之效」之原則,應只有省縣兩級。惟政治、人口、經濟有特殊發展地方得分別設市以資建設,本部釐正全國地方行政制度,均依此項原則策畫進行,所有省、市、縣各組織法迭奉修正公布,督飭各省、市、縣次第依法改組,造報行政經費預算,完成附屬廳局各機關,以重法令,並擬訂各省釐定縣等辦法呈奉頒行,督促各省重行編定縣等,咨部轉呈公布。復以邊遠地方,經濟文化尚未達到設縣程度,擬准其先設設治局以為籌備,設縣之過渡辦法亦擬有設治局暫行條例草案呈送核定,其廣西等省之土縣、土州,新疆等省之分縣,凡已達到設治程度者,經即督飭一律依照縣組織法改組縣政府。所有各省從前設置之道尹、縣佐及行政委員等名目,均經督促積極廢除,藉符現制。總期漸次整理,務使全國地方行政制度統歸納於省、市、縣三項範圍之中,以完整行政之系統,一切特殊制度自難任其存留。此外如吉、黑之東省特別區行政

長官公署，山東之威海衛管理公署，新疆之各區行政長，雲南之辦理邊務機關，以及蒙旗土司各制度，因地處邊陲及民族或外交之關係，一時不能適用省、市、縣各組織法，擬察其情勢，分年進行，以收徐圖改善之效。

## 二、關於行政區劃及設治事項

我國行政區劃紊亂異常，民國初元尚沿清制，本部依照新頒法令漸次整理，計改建省治七處：1河北省、2西康省、3青海省、4寧夏省、5綏遠省、6察哈爾省、7熱河省，設立直隸於行政院之市五處：1南京市、2上海市、3漢口市、4天津市、5青島市，設立隸屬於省政府之市十一處：1北平市、2廣州市、3杭州市、4寧波市、5濟南市、6南昌市、7開封市、8鄭州市、9成都市、10蘭州市、11貴陽市，又新設華安等四十七縣，新設德都等十四設治局，所有全國地域除外蒙古、西藏有特殊情形外，均已督促設治，俾符法制，並擬有縮小省區及改善蒙旗各項計畫，漸次進行，更以各省、市、縣界域混淆，於行政管理上極感不便，特擬訂省市縣勘界條例呈奉令准公布施行，藉為整理疆界之標準。現在近畿之浙江、江蘇、安徽等省已遵照該項條例規定釐正所屬各縣市界域以便管理。此外如威海行政區之劃定，各地不適當名稱之改訂，各處治所之遷駐，以及省市縣志書之劃一體例督飭興修，凡與行政區劃有關者均已積極辦理。

## 三、關於吏治事項

整飭吏治應從地方官吏入手,而整飭方法不外屬行考選以清其源,勤加訓練以致其用,分別獎懲以勵其志,優予保障以安其心而已。本部前曾擬訂縣長考試暫行條例呈准公布,多數省分均已舉辦,又依照二中全會決議案擬訂地方行政人員訓練所章程呈准公布,已督飭各省從速籌設,限於十九年內初期訓練完畢,更擬訂縣長獎懲條例呈准頒行,已督飭各省依例考核報部核辦,並以公務員應受保障,呈請行政院轉咨立法院制定公務員保障法,俾得安心奉公各在案。計自十九年三月以來,除縣長考試條例因考試法之施行,已奉明令失效,經本部呈請延長有效期間尚未奉示,以及公務員保障法未奉制定公布外,本部對於各縣長之獎懲及訓練兩事均在督促進行,一面飭令各省民政廳長按照本部所頒民政廳長巡視章程,遍巡所屬,察其成績,分別賢否,嚴行舉劾,並於每年終將全省現任縣長開列成績造表具報,以資考核,現有少數省分尚能實行,不無成效可覩。惟關於考試、任免、獎懲諸大端,牽及考試權及監察權,以後如何進行,尚有待於討論也。

## 四、關於地方自治事項

自二中全會決議以十九年內為完成縣組織時期,以二十三年底為完成縣自治時期,並經國民政府頒布縣組織法及其施行法,並區鄉鎮各自治法規後,本部即依照法案按訓政年限擬具完成縣自治實施方案表,呈經中央政治會議決議通過,督促各省照辦,並制定各省完成

縣組織進行期限表，分飭各省就限內應辦自治事項逐款填報，以資督促，更制定完成縣組織八項表，飭各省將已辦自治事項分期填報，以便稽核，又擬訂各縣劃區辦法，各縣頒發區鈐記及鄉鎮閭隣圖記章程、鄉鎮閭隣選舉暫行規則、區丁制服章程、鄉鎮公民宣誓登記規則、區長訓練所條例、區鄉鎮現任自治人員訓練章程、自治訓練所章程、自治訓練分所章程、區鄉鎮調解委員會事權限制規程，或已呈准頒行或已呈請核定，以期完密而便實施。計自十九年三月以來，如改組縣政府、劃編自治區、訓練自治人員、調查戶口、訓練人民、成立區鄉鎮閭鄰、籌定自治經費各事項，除河北、河南、察哈爾、綏遠四省自軍事發生後未准咨報，山西、陝西、廣西、甘肅、寧夏、青海六省迄未咨報，及西康一省尚未成立省政府外，其他各省率因軍事方殷，共匪滋擾，以致自治事務同時停頓。現時江蘇一省已有多數縣分完成縣組織，浙江一省亦已成立區公所劃編鄉鎮，一經選舉鄉鎮等長，即可完成縣組織，惟以未能依限辦竣，均已呈准展期兩個月。此外廣東、江西、安徽、湖北、福建、山東六省籌辦自治，俱已實行，亦因軍事影響，各請展期兩箇月，湖南、遼寧、吉林、雲南、四川、貴州、新疆、黑龍江、熱河九省，迭經催辦，亦均以難於進行，迄未報有具體辦法，大約不久即當咨請展期，預計十九年內各省均難如限完成。誠如主席蒸日通電所云：「中央既確定訓政綱領於先，國府各院部復規定實施程序於後，屬行自治，三令五申，顧實際成效每不能與預定之進程相應，抑亦軍閥共黨危害國家之總原因

也。」至於市之自治，因市組織法係於十九年五月二十日公布，各市甫經劃區，尚未達設坊之期，前據南京、上海兩市請予展期三箇月，已奉核准，其他各市尚在督促進行中。本部職責所在，對於縣市自治仍宜積極催辦，此後擬注重經濟之組織，以鞏固自治之基礎，更注重民眾之訓練，以啟發自治之精神，一面按照中央政治會議決議通過之完成縣自治實施方案表，將十九年分未完事項及二十年分應辦事項督促各省市舉辦，俾於二十三年內完成自治。其最近進行計畫大致如此。

## 五、關於國籍及僑民事項

本部掌理國籍，因有國際關係，辦理力求慎重，為適合時代要求起見，特擬訂新國籍法草案，送由立法院核定呈准公布施行，並訂頒各項附屬規則，以輔助國籍法之所不及，先後依法核准外國人入籍及本國人出籍者均數千人。復會同外交部、工商部及僑務委員會擬訂內政部發給旅外華僑國籍證明書規則呈准公布，以保障僑民權利，截至現在止已實行頒發國籍證明書者計有爪哇、墨西哥、紐約、比利時、西班牙、芬蘭、德意志、棉蘭、智利、奧地利、丹麥、巴黎、檀香山等處，其蘇俄各埠海參威、伊爾庫次克、特羅邑等處華僑國籍證明書早已辦就，俟該處領事回任後即可寄發，此外各國地方及國內沿海各地方國籍證明書亦正擬陸續頒發。

## 六、關於救濟事項

本部前經擬訂各地方救濟院規則暨捐資舉辦救濟

事業褒獎條例呈准公布，迨監督慈善團體法頒行後，復擬具監督慈善團體法施行規則，督飭各省市將舊有私立慈善機關重行核定，並限於十九年底將各縣市救濟院分別籌設，現據各省具報多已著手舉辦。至於辦賑事項隨時會同賑務委員會辦理，其民食事項曾頒布各地方倉儲管理規則並擬具管理糧食各項方案通飭各省市照辦，一面調查各省市糧食狀況，以為籌設管理糧食機關之預備，擬於二十年分將各縣市管理糧食機關一律成立。

## 七、關於清除盜匪事項

自剿匪清鄉分別辦理後，本部即擬定清鄉條例清查戶口暫行辦法，清查戶口冊式門牌式鄰右連坐暫行辦法呈准施行，迭經咨催各省切實遵辦，其已依法成立清鄉總局者計有江西、遼寧、吉林、黑龍江、熱河、綏遠等省。復制定清除盜匪成績考查表咨請各省考核縣長、公安局長治匪成績，仍恐各省稽延時日，又轉呈國府令飭各省自定肅清期限。嗣據遼寧、福建、山東、熱河、四川、雲南、貴州、吉林等省報稱，俱限於最短期間一律肅清，後因軍事發生，匪勢復熾，現今軍事將告結束，本部正在續催各省趕辦清鄉，以靖匪患。

## 八、關於整頓團防事項

本部為化除各地方不正當之自衛團體，及改組或編制合法自衛團體起見，特呈請頒行縣保衛團法，並擬具甲長牌長聯保切結、同甲各戶聯保切結、縣保衛團旗各樣式呈准施行，通咨各省擬定保衛團法施行細則送部

備核，並限定歸劃實施完成三期，按步進行。嗣准陸續咨復籌辦者，計有浙江、江蘇、廣東、山東、江西、湖北、雲南、四川、福建、貴州、察哈爾、河北等省，而湖南、吉林兩省因匪患及邊事關係，咨請從緩，經部核復俟冬防期屆及邊事稍靖，仍當依照前咨辦理，並催其餘各省趕辦。

## 九、關於劃一警察編制事項

自各級公安局編制大綱施行後，即咨催各省市照辦，計先後已經遵章將各級公安改組者，已有首都警察廳及江蘇、浙江、福建、安徽、河北、山西、陝西、甘肅、湖北、廣西、廣東、雲南、察哈爾、新疆、遼寧、吉林、貴州等省，暨漢口、北平、天津、上海等市，其餘各省亦陸續擬訂各級公安局組織規程送部審核。本部因各省、市、縣公安局相繼成立，遂擬定警長警士服務規程呈准施行，使警察動作歸於一致，並制定警察官吏及長警成績考核表分別頒發，限期考核，現在已將考核表送到者計有首都警察廳及青島市等處，又各省已經成立之縣公安局遵章設置公安分局、分駐所者，已經呈報多起，至於巡邏區先由首都警察廳創辦，現已成立多區，俟有成績當再廣為推行。

## 十、關於統一警官警士之任用及訓練事項

本部業經制定警察官吏任用暫行條例呈准施行，迭經催辦，其照章送部備核者計有首都警察廳及雲南、江蘇、浙江等省，其餘各省市仍在催辦。至訓練高級警

官，已由本部在北平設立警官高等學校一處，每年畢業者數百人，並頒定警官學校及警士教練所章程，通咨各省市遵照辦理，其已成立警官學校及警士教練所者計有浙江、江蘇、山西、黑龍江四省，成立警官學校者計有廣東、江西兩省，成立警士教練所者計有上海、青島、漢口三市及首都警察廳，其餘正在陸續催辦。

## 十一、關於調查戶口及人事登記事項

本部前經訂頒戶口調查報告規則通咨各省市舉辦戶口大調查，文電交馳，每隔十天半月即催促一次，現已遵章舉辦造表送部者計有安徽、河北、山東、湖北、四川、熱河、浙江、陝西、江蘇、湖南、山西、察哈爾、綏遠、新疆、遼寧等十五省，及南京、上海、北平、漢口、青島、天津等六市。至於人事登記，本部亦擬有人事登記暫行條例呈准頒行，各省市於戶口調查完竣以後遵章舉辦人事登記，按月填造戶口變動表送部者，計有遼寧、熱河及南京、上海、天津、漢口、北平各省市，其餘各省調查登記或因遠在邊陲，政府組織尚未完備，或受軍事匪患影響不能如期辦竣，正在催促進行以為劃定鄉鎮閭鄰舉辦地方自治之根據，更以舉辦戶籍須由中央頒訂戶籍法以資遵循，迭經催商立法院擬訂戶籍法草案，正在詳加審核，尚未定案。

## 十二、關於整理土地事項

整理土地為本黨施行主義與政綱最切要部分，迭經本部籌畫，一再催請立法院制定土地法公布，以作整

理進行之根據，並遵照二中全會議決案內完成縣自治案
所定程序，限令各省養成清丈人才，於二十一年年底初
期清丈完畢。嗣奉國民政府命令，關於清丈事項劃歸參
謀本部所轄全國陸地測量局辦理，而土地法亦於本年六
月三十日始行公布，本部現時進行計劃擬設立土地法規
委員會，召集參謀、財政、農鑛、司法及其他相關聯各
部，並聘請富有土地學識經驗之專家，依據土地法，擬
訂與參謀本部辦理關於清丈事項之聯繫辦法及進行陳報
清丈登記各項實施手續法規，此項法規委員會組織章程
草案業經本部擬訂呈送行政院轉呈國民政府鑒核備案，
一俟核准即行著手組織，積極進行。惟整理土地在中國
事屬創舉，以中國土地之廣大，欲得一精確統計製成圖
表冊藉，用作一切政事設施之根據，殊非普通公務人員
所能勝任，茲並擬於最短期內設立地政人員訓練所，由
各省市選派學員入所學習畢業後，分發各省市任用，以
利進行而昭劃一。

## 十三、 關於調查田租額數及農民生產生活概況事項

此項調查係二中全會議決交由本部負責辦理，以
作二五減租之標準，當經本部制定調查表式呈奉行政院
核准分發各省市填報，原限十八年年底辦理完畢，嗣以
兵匪障礙，迭經一再嚴催，填報省市仍屬少數，復經本
部呈准行政院展緩在案。截至現時止，除廣西、陝西、
甘肅、青海、西康、寧夏六省未據彙報外，其他陸續將
表送部者計有六市及二十二行省，共一千二百零二縣分
之多，現正在統計中。

## 十四、關於調查荒地事項

此項調查係二中全會議決案內關於墾闢荒地以發展農產交由本部辦理者，當經通飭各省將荒地畝數及辦理墾務情形分別詳細查報，以憑彙核。現據報到之數，計察哈爾、黑龍江、吉林、遼寧、西康等省，已知可墾荒地大概數目有八九八○八○○○○畝之多，江蘇、浙江、江西、安徽、湖北、湖南、山東、山西、河南、河北、廣東、福建、貴州等省，已知可墾荒地大概數目有七四○九八○六四畝之多，現正在分別繪製統計圖表。

## 十五、關於設立移民局事項

設立移民局係奉行政院轉奉中央黨部據京、滬兩市黨部提案，飭由本部會同農鑛部籌劃具復。經與農鑛部商定照案設立中央移民局，並另設移民設計委員會，此項局會組織章程草案現經擬訂，正在會同審核中。

## 十六、關於水利事項

辦理水利原屬本部職掌，有時須與建設委員會會商辦理，前經本部制定興辦水利防禦水災給獎條例呈奉國民政府公布，最近又擬訂堤防造林及限制傾斜地墾植辦法呈送行政院轉呈國民政府備案在案，惟辦理水利，無根本之水利法以資根據，困難殊多，現已由建設委員會草擬水利法草案，正在會同審核中。

## 十七、關於禮制事項

婚喪禮制所關綦鉅，前經擬訂草案呈候國府核奪，

擬俟親屬、繼承兩法公布再行詳訂居喪制度呈核施行，復頒發調查風俗表式附以說明，通咨各省市填報，以資考核，而便改良。至推行國曆，正積極辦理，其二十年國民曆亦經頒行，並具呈國府擬請撥款另印簡明各曆，以求普及。

## 十八、　關於宗教事項

我國各種宗教組織紛歧，節經制頒調查表通令查填，以便整理，監督寺廟條例早經頒行，其應轉請解釋各條並已彙列清冊呈核，並請另訂施行細則俾資補充。

## 十九、　關於保存古物事項

古物保存法已經公布通行，擬俟施行日期公布後，即當會同教育部切實辦理。

## 二十、　關於統計事項

本部辦理統計行政最重要者，為人口統計、田租統計、警政統計、食糧統計四種。人口統計已據各省市填表報部者，計有江蘇、浙江、安徽、湖南、江西、湖北、山西、山東、察哈爾、綏遠、陝西、河北、遼寧、新疆十四省及南京、上海、北平、天津、漢口五市，現正整理分析，冀明瞭各地人口密度、戶量大小、男女比例及老壯少年齡之分配等。田租統計內分農民生活概況、田租額數及生產概況三種，現在已報部者共一千二百餘縣，已將各種平均數及百分數等核算完竣，並擬加具說明刊印成帙，以供解決二五減租之準則。警

政統計已制定表格七種，通行各省市逐月填報，藉明瞭各級公安局工作狀況與其轄境內人民所受警察利益、火災損失及社會道德風化等情狀，以供整理警政、改進社會之參證。食糧統計係根據中央政治會議關於民食問題治標原則製定食糧調查表，分夏、秋兩季，令行各省民政廳轉飭填報。

以上關於民政、警政、土地、禮俗、統計各事項均係就辦理經過情形略述梗概，至於最近之進行計畫，再為約舉如下。

（一）改革各地方特殊制度

　　行政制度不宜紛歧，現時各地方特殊行政制度雖未能驟議改革，擬察具情勢將省、縣、市組織逐漸推廣，以正系統。

（二）整理省市縣行政區劃

　　依照省市縣勘界條例繼續整理省、市、縣之行政區劃，其邊遠省分未能設治地方，擬次第開發，先置設治局以為設置縣治之基礎，其已置設治局者督促其改設縣治。

（三）慎選縣長

　　縣長為親民之官，關係綦重，現時考試、任用各項法規均將實行，應即依法慎選縣長，嚴加考核，勵行獎懲，以清仕途而肅吏治。

（四）充分訓練地方行政人員

　　依照地方行政人員訓練所章程，督飭各省廣為訓練，以資任用。

（五）督促各省完成縣組織

各省因受軍事影響，以致未能依限完成縣之組織，現時軍事結束，亟應催辦，以期地方自治早日實現。

（六）督促各市舉辦市政

自新市組織法公布後，各市應辦事項均待進行，而市之自治尤關重要，擬於最近期內督飭各市積極辦理，並從速成立區公所。

（七）充分訓練自治人材

本部已訂有自治訓練所章程及自治訓練分所章程呈送核定，擬俟核准公布後督飭各省市一律設所訓練，以養成全省市縣自治人材，俾選舉鄉鎮坊自治人員時有充分之合格候選人足備選任。

（八）劃定自治經費

籌辦自治必需經費，本部前經通行各省，除以各縣地方收入作為自治經費外，並由各縣解省賦稅項下分年劃撥若干成作為固定補助之款，乃僅有少數省分照此辦理，擬再督催劃定款額，詳細報核。

（九）訓練民眾

本部已定有方案通行各省照辦，擬再會同教育部於各市、縣廣設民眾學校，以灌輸民眾常識，而增進其政治能力。

（十）注重農民經濟組織

辦理自治應以政治組織與經濟組織相視並重，擬會同農鑛部組織促進合作事業委員會討論自

治團體所應辦之合作事業，以改善農民生活，
並擬籌設農村合作訓練所養成合作人材，分發
各省市辦理合作事宜。

（十一）保護僑民

調查各國華僑確數，廣發國籍證明書，以保
障僑民權利。

（十二）籌設糧食管理機關

擬自省政府至縣政府並區鄉鎮各公所各組織
糧食管理委員會，由本部草擬章程，詳訂調
查買賣存儲轉運等事，先行試辦，一俟辦有
成效，再設糧食管理局。

（十三）普設救濟院

即照本部所頒各地方救濟院規則，督飭各省
推廣設立，以至鄉鎮坊為止。

（十四）催辦省警察隊

清鄉全賴警備之力，前頒省警察隊組織條例，
專屬清匪之用，嗣因軍事未息，不克舉辦，
現在軍事將終首在剿匪，剿匪之後繼以清鄉，
清鄉必須厚集警力方資應用，故擬催各省速
編省警察隊，以消匪患。

（十五）催設省警務處

軍隊對外，警察對內，此乃一定辦法，現值
軍事已告結束，務必從速整頓警政，維持地
面秩序，但使警權不能集中，則警察之精神
勢必渙散，而無從整理，擬仍催各省設立警
務處，以促警政之統一。

(十六）訓練警士

　　整頓警務應自訓練警士始，本部曾經頒發警
士教練所章程通行各省，然因經費關係或特
殊情形，未能一律設置成立，茲擬以暫時補
救辦法通行全國，於最短期間將現有長警由
各公安局每期抽調十分之三，設立長警補習
所，學、術兩科認真教授，各警在所補習仍
支原餉，每期修業暫定兩月，輪班更練，則
全國警士庶可於兩年間得受普遍之訓育，對
於現時警力暨所擔任務與夫經常費用均不致
發生困難，一面仍催各省將警士教練所設法
成立，藉宏造就，以重警政。

(十七）擬請定期舉行戶口大調查

　　本部調查戶口分兩步驟，一為預備期內辦理
戶口調查，即現行之戶口調查統計及人事登
記是也，一為正式辦理戶口大調查，照本部
訓政工作分配年表規定，戶籍法及戶籍法施
行法應於十九年底公布施行，二十年下半期
即可開始戶口大調查，此項計畫前因軍事停
頓，現擬著手進行。

(十八）設立土地法規委員會

　　本會成立後，就土地法所定應辦事項，規定
地籍測量及地質探驗實施辦法，並制定土地
登記應用之冊籍、土地所有權狀、他項權利
證明書等以便實施

（十九）設立地政人員訓練所

由各省市選派學員入所學習，畢業後分發各省市任用。

（二十）整飭禮俗宗教等事

維持風化，挽正頹俗，擬以訂定婚喪祭禮呈請公布為先，務破除迷信，廢止淫祀，擬先從指導入手於一年內漸次實行，以免人民多所誤會。至整理宗教，保存古物，擬更訂嚴密之法規，以為人民共同遵守之資。

（二十一）戶口動靜態統計計畫

關於定期戶口調查，本部曾於民十七年通咨各省市舉辦，惟因軍事未盡結束，結果殊欠完備，本年二月間國府曾令飭本部會同農鑛、工商二部及立法院統計處會商全國人口產業總調查擇期舉辦，結果因種種困難，暫行擱淺，一俟政治秩序恢復，當可賡續前議，逐漸實行。至於人事登記，本部前亦擬有暫行條例呈准頒行，惟因戶籍法尚未頒布，以致此條例之實行困難殊多，刻擬捨繁從簡，單就出生、死亡、婚姻三項登記擇定區域試辦，俟著有成績，再逐漸推及全國，此項登記表式及辦法刻正在詳細規畫中。

（二十二）訓練內政統計人員

因人口、土地為內政統計主要項目，亦即凡百建設之指南，世所謂基本統計者，是

本部為統計行政便利及訓政時期重要工作
完成起見，曾倣照前北京內務部統計傳習
所辦法擬定內政部統計人員訓練所簡章十
數條，以便咨行各省市選送合格人員來所
訓練，畢業後再送回原省服務，如此庶可
於最短期間完成全國戶口大調查計畫，嗣
奉行政院令交本部與衛生、教育二部會同
審查具復，會審結果僉以為此項人員有從
速訓練之必要，業於九月杪會同呈復，後
又奉行政院令交本部與教育部重行會商，
一俟議定圓滿辦法呈准行政院後，即可公
布施行。

（二十三）　搜查耕地及荒地面積

全國土地測量手續繁難，經費浩大，一時
恐難舉辦，惟全國耕地畝數或可參照往昔
地畝清冊間接求出，至於各省市荒地面
積，各地方官署或私人團體往往有從事調
查刊布於各種出版物或小冊，不無足資借
鏡者，本部刻正釐定調查項目及表式等以
備分散各處參照上列各項材料來源，並準
當地實在情形按表填寫彙報，藉以明瞭全
國耕地、荒地面積之總數及其分佈之狀況
與兩數之比例，作將來移墾之用。

凡此二十三款均係最近計畫，本部前擬召集全國
內政會議以收集思廣益之效，於呈奉核准後，因軍事未
定，呈請緩期，現時軍事已告結束，復經呈准定於二十

年一月十五日舉行，所有前項計畫擬俟內政會議開會時
詳加討論，以期完善，合併聲明。

# 外交部

民國十三年第一次全國代表大會宣言發表國民黨政綱，我黨國對外政策計有七項，早經明為規定，及十五年第二次、十八年第三次全國代表大會乃將對外七項政策演繹歸納標為基本原則，此不但為廢除不平等條約樹之標準，且為恢復中國國際自由平等地位特開一直捷徑途，溯自國府奠都南京，外交部工作即循此徑途努力奮鬥，所有第三次全國代表大會未及討論經中央常會審查決議與外交有關各案，及第三屆中央執行委員第二次全體會議關於訓政時期外交方面工作之決議案，其進行之意義，辦理之經過，已獲之成效，並及將來進行之計畫，均曾於本年二月間編製政治工作總報告書呈由國府轉呈中央政治會議，以備提出於第三屆中央執行委員第三次全體會議鑒核討論在案，頃者第三屆中央執行委員第四次全體會議行將開幕，理應繼續前項政治工作總報告書，自十九年三月至十月止，將主管政治工作擇要編製報告如左。

## 一、法權問題

（一）有條約各國受我法律支配者，截至十九年十月：
    俄、德、奧、芬蘭、波斯、希臘、玻利維亞。

（二）與我國訂約承受法權支配，俟批准施行者：波蘭、捷克。

（三）舊約滿另訂約，願承受法權，但俟有領判權國半數上放棄後即實行者：比利時。

（四）另有俟華盛頓會議簽字國承允後即實行者：義、
　　　班、葡、丹。

（五）舊約滿，現正議約取消法權者：瑞典、日本、
　　　秘魯。

（六）原約訂明俟各國撤領判權後亦照辦者：瑞士。

（七）舊約未滿我自動聲明自十九年一月起收回法
　　　權，現正議定實施辦法者：英、美、法、和、
　　　挪、巴西。

（八）改組上海租界臨時法院為在法權未完全收回過
　　　渡時間之臨時救濟辦法，自十八年冬會同司法
　　　院與英、法、美、和、巴西、那威六國委員開
　　　始討論，本年二月簽訂協定十條、換文一件，
　　　計八款：

　　　（甲）中國法律之適用。

　　　（乙）訴訟管轄之變更。

　　　（丙）觀審會審之廢止。

　　　（丁）外國書記官長取消。

　　　（戊）檢察官、承發吏之設置。

　　　（己）法院判決之徹底執行。

　　　（庚）女監民事拘留所之收回。

　　　（辛）外國律師之限制。

　　　三月在滬會同各關係國代表實行改組，較舊有
　　　章程收回主權甚多，中外亦尚相安。

## 二、收回租界租借地

　　此我國對外政策之一，亦即外交部近年最重要之

工作，自三全大會以來，外交部根據中央決議案基本原則，對於各國在華租界、租借地積極分別交涉。除上年先後收回天津比租界、鎮江英租界，業經報告外，此半年中又收回威海衛英租借地及廈門英租界二處。威海衛租借地始於清光緒二十四年，至民國十二年期滿，經北京政府與英使議定收回專約草案二十九條，嗣經外交部提出修改，於本年四月正式簽訂交收威海衛專約二十條、協定六條，批准於十月一日由國府派員接收，暫設置威海衛管理公署，以待將來開闢軍港之用。廈門租界根據於清道光二十二年中英南京條約，咸豐元年劃定區域，英人設立工部局，民國十四年英國聲明願將工部局裁撤而租界名義猶在，本年九月外交部與英使互換照會正式取消。

### 三、締結平等新約

（一）中美公斷條約於本年六月廿七日在華盛頓簽訂條約三條：

　　（甲）公斷之程序。

　　（乙）不交付公斷之事項。

　　（丙）條約之文字。

　　其意義在使兩國爭端不以戰爭為解決工具，而以公斷求和平之處理。

（二）越南及中法邊省關係條約，本年五月在南京簽訂約文十一條、附件四件、換文四件，新約較勝舊約之點計有五項：

　　（甲）設領問題。

（乙）通過稅問題。

（丙）華僑待遇問題。

（丁）華僑特權問題。

（戊）滇越鐵路章程及電報合同改訂問題。

（三）中日關稅協定五條、換文四件，五月簽訂，業經批准實行。

（四）英國部分庚子賠款自民國十一年至三十四年止，計一千一百餘萬鎊，為數頗鉅，十一年間英方宣言願退還，時逾八載迄未具體解決，外交部遵照三中全會決議案之意旨提出方案，於九月間與英使互換照會，完全解決。

（五）中國波蘭友好通商條約係十八年冬簽訂，嗣經波蘭政府要請對於約文各條加以解釋，於本年七月在京再簽訂中波友好通商航海條約附加議定書一件。

（六）中土友好通商條約，外交部與土代表議定二十四條、聲明文件一件，由土代表寄呈土京。

（七）中國波斯商約由駐義蔣代辦與駐義波使商訂約稿，已寄呈波京。

（八）中日電信會議代表，日方為重光葵、吉野圭三，我方為交部莊智煥、外部吳南如，本年九月正式開會，以便解決有礙我國電政中日間各項電信合同，至於英商大東丹商大北合同將於本年底期滿，業經照會聲明取消。

（九）關於日本部分庚款，北京政府十三年所訂中日文化協定流弊滋多，外交部會同教育部提出方

案，經中央政治會議決議通過，交由駐日汪使
與日方交涉。

（十）中暹訂約交由出席國聯會伍代表與暹代表接
洽，據報告暹代表允於回國後向彼政府接洽。

## 四、中東鐵路事件

　　國府派莫德惠為中蘇會議全權代表，於本年五月
赴莫斯科，蘇方代表喀拉罕要求我方承認伯力會議紀錄
所定會議範圍，經中央政治會議兩次決議，除討論解決
東路問題外，關於復交及通商各項亦可以次討論簽字，
惟須經國府批准方生效力，業於十月十一日正式開會。

## 五、整頓領館設置

（一）已增設者：印度、芝加哥、夏灣拿、望加錫、
　　　米市加利、紐阿連、斐枝。

（二）籌備者：台灣、西貢、海防、吉隆坡、坤甸、
　　　大溪地、帝汶、山打根。

（三）由名譽領事改正式者：檳榔嶼、棉蘭。

（四）使館附設領館者：墨京、比京。

（五）由他領館兼任者：尼加拉瓜。

（六）移設他處者：澳總領移雪梨、把東領館移巨港。

（七）總領改領館者：北婆羅洲。

## 六、發展僑務

（一）交涉黨務公開不少困難，蓋以英、和、法屬地
　　　之殖民政策，每與黨務抵觸，他如南美、暹羅

尚未與我定約，又無從商洽，現遵照中央第四一次常會決議通令駐外使領設法逐漸進行。

（二）交涉取消待遇華僑苛例進行步驟，一為逐案抗爭，二為於修約時為根本解決。

（三）整頓僑民註冊華僑登記規則經中執委會通過，連同登記辦事細則同時公布，業將登記證、登記請求書、登記專用印花分發駐外使領切實舉行。

（四）提倡華僑教育，華僑教育會議決議案，教育部所頒華僑教育立案規程、推行華僑教育辦法均經通令駐外使領，近又會同教育部通令勸導華僑研究黨義及本國語言。

（五）取締海外反動言論，通令駐外使領負責會同駐在地黨部設法取締，標本兼施。

（六）和解僑民堂鬥，駐英使館擬有消弭辦法，業呈國府鑒核。


## 七、擴大國際宣傳

（一）用英文編輯兩年之新政，凡黨政機關之組織，憲章條教之綱領，中央地方各政府過去治績及將來計畫，無不擷要譯述，分寄駐國聯代表辦事處及駐外使領。

（二）組織外報記者團往前線視察。

（三）取締外報造謠，如電通、聯合兩社及上海日日新聞各報。

（四）在國內籌設大規模通訊總機關，逐漸推向外國都市，先由擴充現有之國民新聞社著手，擬請

政府常年撥給二十五萬元以便派專員於各大國
都城。

（五）商同交通部籌設國際通訊無線電台。

總計上開七項大綱及其所屬子目，皆係秉承總理
遺訓並遵照二中全會、三中全會及中央前後交辦決議案
件，以廢除不平等條約，提高國際地位為要旨，而其精
神則在於拋棄消極應付，而改為積極進取，挈其原委，
不冗不漏，並注意於既往及將來為一有系統之敘述。惟
限於篇幅，力求簡明，未及詳備，倘遇需要時或更當附
加說明書也。

# 軍政部

　　自三中全會閉幕以後，閻錫山之叛跡日漸暴露，卒至裹脅馮玉祥稱兵作亂，背叛黨國，中央為謀國家和平統一計，自不能不加以討伐。半年以來軍政部以職司軍事行政，部中主要工作自然注意於戰事方面，故自部長以下各署司長及各兵科專門人員均隨總司令之後多數出發前方，何部長奉令主持漢口行營，進犯湘省之張桂逆軍予以極大重創，攻陷長岳、圖危鄂贛之共產匪軍予以根本痛剿，長江南服轉危為安，同時留守後方者，或為軍需之預備，或為械彈之補充，或為交通輸送之運籌，或為傷病官兵之安置，或為地方治安之維持，莫不積極從事，藉收討逆工作指臂之效也。目前戰事既經告終，謹將七閱月來主要工作之可得而言者，分述如次。

## 一、關於陸軍方面事項

　　陸軍方面事項由陸軍署負責辦理，其中復分軍衡、軍務、軍械、軍法、軍醫、交通各部分，切實推行各項事宜，如各種法規之制定，陸軍官佐之銓敘、各地要塞之管理、反動人犯之處置、傷病官兵之治療，以及傷亡撫卹、軍用交通、地方綏靖等或屬於日常工作或屬於急切處置，均依次辦理，其間顯然為國人所注意者，約有數事，略陳如左。

### （一）綏靖事宜之進行

　　三中全會開會時，曾有肅清土匪、安定社會之議

決案，軍政部即秉承其意旨分咨各省政府及通令各部隊切實遵照實行，並彙印關於清鄉剿匪各項章制頒發參考，以期尅期肅清。嗣因討逆軍與國軍多數開往前方作戰，後方空虛，匪共復乘機蠢動，其聲勢最大為害最烈者莫如湘、贛兩省之共匪，匪首朱德、毛澤東、黃公畧、彭德懷、方志敏、賀龍等裹脅人數不下七、八萬眾徒，以剿匪部隊不敷分佈，此剿彼竄，致長沙有一再之失陷，南昌有纍卵之危機。其時前方戰事方股，不能回師兼顧，故關於剿滅湘鄂贛匪共事宜，由中央明令武漢行營主任何應欽負責辦理，並分別責令第四路總指揮何鍵、第九路總指揮魯滌平及江西剿匪總指揮張輝瓚等督飭所部協力防剿，以免蔓延，未幾長沙收復，而南昌亦轉危為安，該匪共等遂分竄湘之株澧、贛之萍吉一帶，現在前方戰事結束，已抽派大軍分途進剿，不難一鼓盪平矣。至鄂省亦久為共匪所企圖，但前以何主任坐鎮其間，得以消弭隱患，現復由第三軍團何總指揮成濬及夏司令斗寅分別負責剿辦，可望按期肅清。他如蘇、浙、皖三省前有多數股匪出沒無常，而以太湖一帶尤為猖獗，然已奉中央特任熊式輝為三省剿匪總指揮，並任命衛立煌為安徽全省剿匪指揮官，李明揚為江蘇全省剿匪指揮官，朱世民為浙江全省剿匪指揮官，責令分別負責剿辦，肅清之期當亦不遠。此外如閩、粵、魯、豫各省之海盜會匪，均經飭令各該地駐軍隨時痛剿，現均消聲匿跡，以次蕩平矣。近日鑒於過去此剿彼竄之可慮，為根本消滅各地匪患起見，擬於有匪省分，每省設一剿匪總指揮，並就省內匪情及地勢之關係劃為若干分區，各

設一分區剿匪指揮，又於各省邊界匪類易於竄匿之區，設邊界剿匪司令，分負剿滅之責，並各配備相當兵力同時進剿，限期肅清，以期早靖地方而安閭閻。此關於綏靖計劃之大概也。

（二）通信運輸之配備

此次討逆，戰區遼闊，通信網之繁複為歷來所未見。當作戰之初，奉蔣總司令手諭，凡與作戰直接有關之電訊均應由有線電傳遞，故有線電頗為此次戰事所注重，凡津浦、隴海、平漢三線附近各軍事要塞均由交通兵第一團分駐電報一所，各軍團總指揮部及兵站亦各分撥電報一所，以傳遞消息，師旅部之通信均以電話為主，除各師旅原有通信隊外，復由交通兵第一團於三線附近要塞分駐電話一排或一班，各總指揮部、各軍部、師部亦因有事實上之需要各撥電話一排或一班服務，至電報話線除酌借路局及國有電線外，自津浦線徐州以北經隴海線柳河、睢縣、曹縣附近，復由皖北橫貫豫南至南陽，又沿平漢線由北舞渡至葉縣，均臨時架設專線，綿延數千里，命令之傳遞不數小時而遍達於各陣線，工程之巨，成績之佳，頗堪自慰。此有線電方面之佈置情形也。

至無線電方面，此次雖不甚注重，而於有線電不通處所及發生阻障時，亦利賴之。凡總部、行營、各總指揮部、各軍部均各配置一百華特或五十華特無線電台一座、十五華特無線電一分隊，以便與後方電台及前方各師旅部通報，兵站及各師部配置十五華特無線電一分

隊或二分隊，以專與總指揮部、軍部及鄰近各師部通
報，且以無線電易被敵人竊聽，故於各台隊之呼號及密
碼等時予變換，並訂定嚴密之通訊規則，其手續雖較繁
碎，而成績亦頗不弱。

　　有線電、無線電通訊之配置，既約略陳之矣。而
作戰時各部隊之行蹤靡定，電訊之傳遞間亦有感困難，
故復於柳河設遞傳哨，專司傳遞，尤稱便利。

　　至於運輸方面之情形，軍政部向無常備輪船，所
有各軍部隊調遣及後方補充輸送等事，概由總部參謀處
轉知共運部隊若干，隨派員赴滬酌租船隻，以備供用，
計先後所租大小各輪及木駁共一百六十餘艘，以三北公
司、招商局、武漢航會應徵為最多。

　　船舶運輸以長江流域為幹線，以漢口為中心，廣
州、青島、長沙、宜昌等處為臨時處所，下關、漢口各
設船舶管理所一，為上下游運輸之機關，由本處運輸科
直轄指揮，但廣州、青島、長沙、宜昌者則臨時派員擔
任，各輪設管理員一，承受所主任命令裝運及管理全船
事宜。

　　此次討逆凡七閱月，凡軍隊之調遣及前方軍用品
以及後方補充之輸送所需船隻，皆由交通處統籌規劃以
供給之。如張桂竄湘，岳州將陷，賴我五十師及二十師
由粵來援，又第十六路軍運青，敵人聞風而逃，遂克濟
南，以及湘、鄂、贛等處共匪蠢動，先後調遣增援襲
剿，均能一一掃清，此皆通信運輸配備之大概情形也。

（三）傷病官兵處理之經過

此次戰事之烈，遠過北伐諸役，傷兵之多，亦為意中所有之事。醫院一項，由原有十三所增至四十八所，收容人數四月起至九月底止，總數達八萬二千一百七十八員名，經治愈出院者約四萬一千二百八十三員名，死亡者約三千零十三員名，現在留院者尚有三萬七千八百八十二員名。作戰六月，病兵尚少，殊屬幸事。又受傷種類以四肢之炸傷為多，足見官兵在火線之勇敢肉搏。此項傷病官兵之處置亦煞費苦心，一方固因戰功卓著，不能不妥為優待，然亦因此之故，不明事理者藉此滋生事端，亦在所不免。當時沿京、滬、杭一帶重大城市，均住有傷兵，而各地叫苦之電報如雪片飛來，於忍痛中不能不作便宜之處置，始稍平靖。現在凡重傷員兵，已指定醫院收容，以便集中治療，其為治療能力所不及者，則轉送衛生部中央醫院，殘廢者轉入殘廢軍人教養院。戰事終了，各醫院亦當結束，擬定分三期辦理，十月底為第一期，按照現時收容量不滿半數者先結束四院，十一月為第二期，此期須視兵站方面移交傷兵之多寡及出院之人數為標準裁併數院，十二月為第三期，此期視傷殘不堪服務者之多少及歸併情形全部結束，或擇優暫留數院。此次作戰期中對於衛生人員之羅致至為困難，其中稱職者固多，貽誤職務者亦有其人，均經分別撤懲，以後當嚴加甄別，以資整理。此處置傷兵之實際情況也。

他如撫卹事宜，本年度所需之卹金共一千二百二十八萬三千二百九十元，經奉政治會議議決准在國庫項

下軍費預算以外另編預算，現正分省列表統計，務使為國殉難革命之軍人均蒙國家之優遇，特釐訂各項詳細辦法，將來如獲成立陸海空軍撫卹委員會主持辦理，加以今年討逆傷亡官兵之應即時撫卹，庶幾軍人為國效命疆場，乃有所貸價也。以上各端，皆陸軍方面在此數月中工作之較著者，其他詳細事項，凡關於軍事教育、軍隊編制、軍事考績、徵募自願兵，以及管理營房、檢查軍器藥庫、訓練軍法軍醫人員，俱有完密條規進行方案，每週每月按次呈報國府。此皆陸軍方面工作之大概情形也。

## 二、關於航空方面事項

（一）改組航空部隊

軍政部鑒於歷次參加討逆之結果，覺原有航空隊編制過於狹小，不足發揚空軍作戰能力，故釐定新編制，將已有之航空第一、二、三、四、五、六各隊加以慎重改編，使每隊形成三個分隊，增加作戰單位，以供應戰況之要求。於飛航人員而外，增加參謀、機械、軍械、無線電、攝影等專門人員，以形成一個完整的作戰團體，並於舊有航空掩護隊由四個連增成六個連，以便在作戰區域內盡力掩護各航空隊站所有之飛機部隊。

（二）增加航空實力

航空隊戰前飛機數目計三十架左右，戰事發生以後，特增購華德哥塞式戰鬥機三十二架、陶格拉司新式戰鬥機十架，此項新機在戰場上頗著偉大之功效，惟飛

機所用之炸彈因炸藥種類不同，間有爆力薄弱或竟不爆
發之病，又以形式各異，所需之彈夾亦彼此互殊不能通
用，坐是影響於作戰能力者亦復不少，後經航空署會同
兵工署妥議統一辦法規定式樣，交由各廠依式改造，結
果極為圓滿。

（三）擴充航空工廠及飛行場所

　　軍興以來，前方飛機之隨時損壞待修者為數自多，
就中在平漢線及湘鄂作戰者均就近由南湖修理工廠修
理，工作雖忙，尚能應付無誤，其在津浦、隴海兩路作
戰者運京待修之機尤多，首都修理工廠即於戰事期中應
運成立，積極工作，至上海航空工廠因修理舊機及裝配
新機工作過多，不免影響製造之停滯，其由該廠倣造之
愛弗羅式教練飛機，航空署限定其每兩月完成一架，現
更擬將該廠範圍擴大，增建庫房、工房、機廠，戰事一
經告終，製造上必有可觀之成績。此外更增加建築航空
場站，首都方面前在明故宮建有飛行場一所，本年又增
加棚廠五座，惟該廠地位狹小，不敷應用，現復開闢通
濟門外大校場為飛行場，更計劃徵收附近民地三、四千
畝，以為擴充場基及建築航空隊營房、學校、醫院、工
廠、庫房、測候所、無線電台等等地址，俾形成一個完
備之航空總站，以為航空總根據地，此項工程已著手建
築，不久可以完工。京以外之飛行場所，如漢口、襄
陽、鄭州、洛陽、龍華、清河、保定、南苑、濟南、濟
寧、徐州、蚌埠各地原已早有建築，軍興以後復在宿
縣、壽縣、確山、碭山、歸德、漯河、周口、駐馬店、

阜陽、沈邱、鄆城、兖州等地開闢多處，而安慶、九
江、南昌、長沙、鹽城或因軍事必需或因剿匪調遣，已
由各該省政府踴躍開闢，並由航空署繪圖立說，彙印成
冊，其中亦有附蓋棚廠以為儲存飛機之用者。

（四）空軍調遣實情

　　航空各隊自上年張桂叛變、馮唐獨立之軍事結束
後，即分駐武漢、長沙、南京等處補充訓練，並擔任各
地剿匪工作。本年閻馮叛變，調派航空第一、三、五隊
集中漯河擔任平漢討逆工作，航空第四隊及借調軍校航
空班編組之偵察隊集中歸德擔任隴海線討逆工作，航空
第二隊駐防濟南擔任津浦路討逆工作，及湘南共匪猖
獗，先後調派航空第一、五隊分駐漢口、長沙等處輪流
擔任剿共工作，旋因津浦線航空部隊不敷分配，又將借
調廣東航校人員增編之第六隊轉赴濟南協助作戰，並調
廣東航空一隊增防濟南，繼因戰略變更，更抽調航空第
六、七隊增防漯河，而湘、鄂、皖、贛等省共匪不時擾
亂，均隨時撥派飛機跟蹤追剿，最近更派航空第三隊一
部出發江北協剿鹽城一帶土匪。此皆航空方面之大概情
形也。

### 三、關於兵工方面事項

　　兵器為戰鬥之先決問題，軍興以來，各種兵器之
需要尤為迫切。兵工署所轄各兵工廠經費在十八年度上
海廠每月經費三十萬元，漢陽廠三十一萬元，金陵廠九
萬餘元。本年七月以後金價高漲，求過於供，始增加經

費百分之二十六。各廠出品對於前方之補充尚能應付裕如，茲將數月來之工作扼要述之如左。

（一）統一製造

**統一飛機炸彈**

飛機炸彈各廠均從事製造，惟以前式樣龐雜，大小不一，威力頗弱，且有不炸之弊，故由各專家商定三十五磅及一百二十磅炸彈兩種，早令各廠遵照製造，討逆軍事後期所用之炸彈多屬此式，其他雜色炸彈均已停造。

**統一槍彈**

為謀補充及使用之便利起見，規定一種七九尖彈使各種七九步槍及機關槍均能通用，令各廠遵照製造。

**統一機關槍**

漢造及滬造三十節機關槍尺寸頗不一致，子彈不能共用，深感困難，曾經多方研究及試驗，決定統一之法，令各廠遵照施行。

**改良二八迫擊砲及砲彈**

砲彈及砲管之改良業已完成，射程可增一倍有半，命中率亦較前為佳，惟砲架尚在試造中。

**製造各種化學兵器**

此次討逆軍興，需要化學兵器，故製出煙霧罐、煙霧手榴彈、黃燐八二迫擊砲彈、黃燐飛機炸彈等。

## （二）整理工廠

### 整理上海鍊鋼廠

上海鍊鋼廠之編制及經費業經核准確定，所存鋼胚約千噸，令其陸續造成各種適宜形狀以供各兵工廠之需要，同時調查各廠所須各種材料之尺寸及數量，以便酌量供給。惟該廠設備有限，早已供不應求，現正設法改造三噸鋼爐，以便採用國內生鐵為原料。

### 籌設無煙藥廠及硫酸廠

欲改良兵器或採用新兵器，須有優良之發射藥，硫酸以前多係向外購買，故擬設廠自造，曾派員勘查廠址數次，近已前往測量地形。

### 籌設砲彈廠

因各廠除鞏縣外均無製造鋼彈之設備，故擬建一新砲彈廠，業經遴派專員赴歐洲各國調查實習。

### 籌設野戰兵器修理廠

前方作戰兵器時有損壞，為應急需計，設修理廠於徐州，現已結束。

### 建設試彈坑及試槍場

為試驗砲彈炸彈爆炸後破片之大小，在寧廠附近建設此項試彈坑，為試驗步槍、機關槍等之精度設試槍場，長約四百餘公尺，已成三分之二。

### 建築理化研究所

為謀根本研究試驗各種兵器及材料起見，業已呈准政府創辦理化研究所，其設計早經擬妥，正覓相當地址以便興築。

### 籌設兵工研究班

為令兵工技術人員深造起見，擬設兵工研究班，由各兵工廠及兵工署選派學員，授以各種兵器之理論及其有關之科學。

### 訂購化學儀器與藥品設立簡單化驗室

檢驗出品雖已有一定規則，而各種考察與試驗有待於化驗室之設立。

### 規定各廠常用材料之規格

製造兵器需要優良材料，對於此等材料須有嚴格之規定，我國各廠購買材料向無一定標準，故定此項規格俾資遵守。

### 實行檢驗各廠出品及其應用材料

各項檢驗規則製定後，即令各廠遵照實行，每月由兵工署派員蒞廠檢驗，有必要時隨時派員前往辦理。

### 各廠工人出品之統計

各廠工人之人數、工資、年齡、工作性質等，均經調查列表，比較各廠出品，每旬每月均有報告作成統計。

### 擬制定各種工人待遇規則

關於各廠工人工作時間、請假、婚喪、疾病、公傷、年老、死亡等，均擬制定各廠通行規則，俾資遵行。

### 擬設工人寄宿舍合作社等

為謀工人生活之改善，擬於各廠設立工人寄宿舍、各種合作社、工人俱樂部、工人養老儲金

保險會等。

（三）派員出洋

　　為改良製造及籌造新兵器起見，選派兵工委員
楊繼曾、趙學顏赴歐洲各國兵工廠考察，並派
兵工專校畢業生江德潛、呂持平隨往實習，又
派兵工委員林大中、周舜功赴美恒信藥廠及其
他工廠考察，除江、呂二生外，現均已返國。

　　他如制定各種規則試驗舶來兵器彈藥，調查應用材
料，釐訂硝磺局組織，擬定硝磺公賣及緝私辦法，均有
規劃進行。此兵工方面之大概情形也。

## 四、關於軍需事項

　　軍需方面之工作分為會計、儲備、營造、審核各
部分，分別辦理各項事宜，數月來所辦之重要工作略述
如左。

（一）會計之整理

**釐定簿表格式**

　　查各部隊機關所用金錢簿表，因不明使用性
質，故形式種類不一，登記方法紊亂。現將會
計各簿表釐定劃一格式，召集各部隊機關人員
會議決定，並印發教導第一、二兩師試用，逐
漸推行。但簿表登記方法雖有規定，仍恐現任
會計人員不明使用，又於軍需學校附設簿記講

習班，令飭各現任會計人員入班講習，以便實
施，第一、二兩期學員均已畢業，第三期業已
開課。

### 實行會計檢查

查部隊機關各月經費之收支，雖月有報銷可資
計核，但對於賬簿之設置是否完備，收支之登
記是否合法，現金之保管是否適當，非派員實
地檢查不足以昭慎重而資改善，在十八年度上
半年及下半年年度終了時均已實施會計檢查。

### 編造十九年度軍務費第二級歲出歲入之預算

十九年度軍務費歲出預算應在十九年四月以前
造送，惟因軍事方殷，徵調頻仍，前方部隊未
能依限造送編造第二級歲出預算，因之稽延。
現准財政部函限十月底編造完竣，已先就送到
第一級預算者編造第二級歲出歲入預算書，函
送核轉，其未及編送者隨時專案核轉。

### 編制十八年度軍務費收支款項數目統計表及總報告表

十八年度經已終了，所有向財政部領到軍務費，
本部雜項收入各款及分發各部隊機關數目，經
已分別款項詳細編製統計及收支總報告，以清
年度。

### 改良特別會計簿表

查屬於特別會計之各機關，如兵工廠、被服廠、
衛生材料廠、布呢廠等，每月購置材料費多至數
十萬元少亦數萬元，對於投標事項向未重視，

各該機關所用之會計簿表亦無定準，茲擬詳為
釐定，以資整理。

（二）糧秣之儲備

### 劃一經理被服糧秣器材應用簿表

各部隊機關學校對於經理被服糧秣器材簿表及
其登記方法向不一致，又無月報季報等手續，
以致漫無查考，業經擬訂簿表格式數十種，交
軍需會議議決通過施行，刻已先發教導第一、
二兩師先行試用。

### 被服廠之擴充與建設

軍政部僅有第一、第二被服廠，而第一被服廠
時因戰事影響，難收實效，商辦服裝既有工料
不實、制式參差之弊，自非急於擴充第二被服
廠及建設首都被服廠不足以供軍用，現已依據
呈准計劃積極進行。

### 整頓各部隊被服糧秣陣營具經理

各部隊自大戰以後，服裝凌亂乃為事實所不免，
擬嚴飭各部隊經理人員遵照法規切實整理，務
使各項服裝必須達到使用期限，以免虛靡公
款。至各部隊糧秣向係發款自辦，對於經理順
序及方法尤須督促依照法定手續辦理，若陣營具
等向無精確之統計，亦未據實呈報，非連同服
裝等項舉行實地檢查不足以明真象。以上各項
擬俟各軍移駐稍定即次第施行。

### 擬訂被服糧秣器材之各種經理法規

凡關於被服糧秣器材經理法規及軍需品工廠應守規則共計三十餘種，除已經呈准公布二十六種外，其餘均在編擬審定中。

## （三）軍需之審核

### 核減營繕經費

原定十九年營繕經費二千六百餘萬元，因國家財政困難，暫減為四百八十萬元，茲極力減縮，使年內支出以此為標準。

### 實行點名發餉

此次作戰各部隊類多缺額，如仍按照原定額數發給，未免糜費，應一律實行點名發餉，以昭核實而節公帑。

### 準備實行糧餉劃分

糧餉劃分為改革士兵生活之要圖，各國行之於先，我國亟應屬行，俾士兵得享經濟平等之待遇，擬先行試辦後次第推行。

### 編訂審核實例

查各部隊所報計算書，據有違法支出者，有不正當及不確實支出者，有不合程序及格式者，或屬有意舞弊，或係無心錯誤，擬將審定之實例及辦理計算應注意之事項編訂成冊，通行各部隊以資遵式。

### 派員實地調查各種物價以資參考

各部隊造送之計算單據，僅憑一紙商單為報銷

之根據，似欠周密，擬派員分往各地調查物品時價及商店圖記，以為審核物價及商單標準，藉補書面審核之不足。

## 登記軍需人員

調查登記全國現職軍需人員資歷，統計軍需專門暨非專門出身之人數，其非專門者施以補習教育。

## 規定軍需人員任用標準及考績辦法

軍需人員之任用以前向無標準，茲擬規定任用標準及考績辦法，以杜倖濫而覈勤惰。

## 統一軍需人事行政權

軍需獨立首在人事統一，舉凡全國各部隊機關學校之軍需人員及經理教官，均須由軍需署依法審核，呈請任免。

## 統一軍需教育權

除中央軍需學校及經軍需署核准之軍需教育機關外，各部隊機關不得擅設類此長期或短期之學校或其他研究講習等機關，又非經中央考選派遣，各部隊機關不得逕送學員生留學各國經理學校。

## 通令切實遵照法定手續辦理計算

查各部機關造送收入支出計算書表冊據，對於辦理程序多有未合，或以會計人員不明辦理手續，或以採辦人員不諳單據證明規則，以致錯誤百出，審核困難，現今通令嚴切遵照法定手續辦理。

關於廢品處分須注意會計審核手續以重法制

查軍需署審核條例施行規則，關於建築工程及購置軍需物品或標賣廢品、轉賣不用品，款數在五百元以上者應先將投標書類或詳細說明書及價格表、圖表、標樣呈送軍政部發交軍需署審查之規定，乃事實上竟有不經此項手續而自行處分，僅於事後呈請轉發本署審核者，對於審核此項報銷實屬無所依據，故嚴定各部隊機關務須注意會計審核手續，以重法制而憑辦理。

（四）營繕之清查

清理營產

營產清理事項如規定表式令行各省縣按式先行查填，以明已未處分之經過，搜集縣志藉作精密之參考，實地查丈繪具準確之圖說，以及修訂法規處理租借、登記、發照、保管、領買等各事項，並定清理營產之次序，依次進行，預定以全國為範圍，先從江蘇一省，京、滬兩市著手清理，次第推及各省。至清理辦法，分調查與管理二種，均經訂有規則呈准公布，江蘇營產糾紛案件自報告後，經人民舉報者約有五十餘起，現已擇要派專員實地澈查，以便處置。

營繕工程

修理南京、杭州、五夫、筧橋、蚌埠、武昌等處營房工廠，及審核各部隊機關呈准自行修繕之工程，建築南京通濟門外、朝陽門外及小營等

處營房，並三牌樓軍需學校校舍、江東門外陸軍監獄，驗收輜重營及各區巡查隊等處房屋。他如整理服裝、點驗工程、養成軍需人才、監視軍需投標等，均有明確之規定辦法督促實行。此皆軍需方面之大概情形也。

上列各項均為軍政部工作之犖犖大者，此外如實行節約，有可歸併辦理之駢枝機關則實行歸併之，有可裁撤者則裁撤之，而訓政時期工作分配年表之各項方案亦均切實推進。又如黨義之研究，亦遵照中央規定科目按期舉辦實行測驗，與夫選派軍事人員留學外國，規定軍官軍佐人員任用標準，劃一地方購置械彈辦法，檢查沿海要塞形勢，制定軍用運輸規則，整頓陸軍監獄，興辦給養訓練等，均已條分縷晰，綱舉目張，積極從事矣。所望黨國先進隨時督促，庶幾日起有功，軍政前途實深利賴。

# 海軍部

　　海軍以鞏固國家防務，維持江海治安為職志，所有興革計畫關係綦鉅，自應積極進行。現值訓政時期，建設尤亟，益當努力工作，昕夕罔懈，以期海軍事業蒸蒸日上。自十八年六月海部成立以來，迄今年餘，海軍建設工作雖為經濟所制限，軍事所牽掣，凡百要圖，尚多有志未逮，顧於時會艱難之中，默念政府付托之重，與夫國民屬望之殷，仍復黽勉將事，節省餉糈，修造軍艦，擴張教育，培植專材，其他建設之策畫，艦隊之訓練，海政之整理，防區之布置，以及補充軍實，籌備軍需，舉凡海軍範圍內所應設施者，靡不殫精以圖，蘄有寸進。其經過情形除列每月工作報告外，業於本年三月三中全會開幕時編送十八年三月至本年二月工作報告，距此數月，所有海軍要政繼續致力，未敢或弛。茲將本年三月至十月止各項工作概況分類列舉如左。

## 一、討逆剿匪事項

　　三月二十日由陳次長紹寬率海容、楚有兩艦護送蔣主席前往沿江各要塞及象山港勘視一切，二十二日到瀝港換乘楚泰艦，由建康艦隨行護送到寧波，二十六日由寧波赴象山港，對於象山港設立軍港之形勢，蔣主席甚為滿意。四月二十二日陳次長紹寬又率永綏、楚有兩艦由南京護送蔣主席出巡上游，二十四日抵漢，蔣主席轉赴平漢線前方檢閱部隊，事畢返漢，二十九日仍乘永綏艦，由陳次長紹寬護送離漢，三十日抵京。六月間張

桂逆敵傾巢犯湘，海軍事前預有戒備，五月底即派楚
泰、順勝各艦馳弋長江岳州一帶，阻遏逆敵之由水道前
進，而掩護友軍西渡攻敵，尤有極靈活之聯絡。六月三
日四路軍暫棄長岳，海軍艦艇掩護四路軍在岳州城陵
磯、臨湘等處渡江，一面在上游阻截逆敵，於時咸寧、
公勝兩艦均奉調至洞庭湖、湘江一帶，協同楚泰、順勝
等艦從事前項工作。四晚陳次長紹寬親率楚有軍艦由寧
馳赴上游布置，並到前線指揮，中途派威勝、江鯤兩艦
分守九江、武穴、蘄春、黃石港一帶剿除共匪，江元、
民權、德勝三艦保衛武漢，義勝往來武漢城岳間擔任運
輸，時逆敵已由長沙竄向岳州、城陵磯前進，艦艇馳往
迎擊，順勝軍艦於八晚衝入長沙，用大砲擊敵，敵大震
動，該艦沿途於銅官、靖港、湘陰等處將敵痛加掃射，
並在江面俘獲渡江之逆，九日又派咸寧軍艦向敵二次攻
擊，時敵在營田沿岸布陣並安砲位甚多，艦過此處與敵
激戰，將其陣地砲位擊毀，敵即潰逃，於時新隄、臨
湘、城陵磯、嘉魚等處密布艦艇，遏阻敵蹤，並掩護四
路軍進圖規復。陳次長紹寬復親在江面往返察視，並親
往前線督戰，十一日在城岳一帶與敵激戰竟日，由義勝
砲艇砲擊敵陣，逆敵斃傷無算，自後各艦艇更番開砲擊
敵，敵卒不能支而潰，我海軍遂於十四日收復城陵磯，
各艦艇續向岳州挺進，並向洞庭湖追躡匪蹤，岳州既
下，進攻益力，十七晚將長沙克復，隨即派遣順勝、誠
勝兩艦分赴長沙上下游各港搜索殘逆，並進攻湘衡，截
至六月底止長江水道軍事告一結束，乃於二十七日親率
楚有軍艦沿江下巡，二十九日下午到京。同時江防布置

從新配定，啣接敏活，計各艦配駐各地者如長沙楚泰軍
艦、誠勝砲艇，岳州咸寧軍艦，宜昌德勝軍艦，沙市公
勝軍艦，新隄義勝砲艇，漢口江貞、江元兩艦，黃石港
威勝軍艦，九江民權軍艦，此外並由楚謙、楚觀等艦與
勇勝等艇往返巡弋京漢間，其長江下游亦有多數艦艇分
地扼守。至於江海匪盜猖獗，更經派遣艦艇以次戡定，
三、四月間永績軍艦往弋閩南海盜，先後掃除小麥嶼、
南日島積盜巢穴，並向嶼仔洋、索仔兜、湄州及龜山洋
面轟船斃匪，並肅清盜窟，剷除煙苗，至五月初止，閩
海盜氛始告平靖。此外，對於沿海緝盜以及預防盜擾各
辦法，三月間經飭海岸巡防處妥籌分段巡防、察勘島
嶼、清查船隻、派隊護輪、增置飛機、添造巡艇、偵察
盜巢、分期掃穴等項辦法，循序推行。四月初共匪嘯聚
鑼山，圖劫新隄，派勇勝艦往剿，追至白雷磯為止。又
距湖口二十餘里之文格地方，四月間亦被匪擾，派江犀
艦往剿，將匪擊潰。次如德勝艦往弋白雷磯及觀音洲一
帶，民權艦巡弋安慶、華陽一帶，公勝艦往弋監利一
帶，景星艇往弋定海、普陀一帶，順勝艦、義勝艇同弋
呂四、海門、啟東一帶，皆為四月間經過之事實也。五
月以後，東流、彭澤、湖口、九江、新隄、監利等處時
有共匪圖擾，疊經海軍艦艇擊破，五月初派民權軍艦日
夜在皖屬東流、華陽各地往返梭巡，並派水兵分隊由望
江縣各處上岸巡緝，匪眾聞風逃散，華陽、東流及安
慶、貴池各地防務賴以鞏固。贛屬匪氛五月間尤熾，湖
口與九江毗連，為全贛咽喉之地，匪眾潛伏圖逞，曾一
度集合襲攻與駐軍抗戰，威勝軍艦馳弋鎮儡，並派水兵

上岸協同駐軍嚴防湖口縣東西兩城門，該匪來襲時，卒被威勝艦開砲掃射，擊斃甚夥，餘匪狼狽逃竄，該縣縣長避匪來艦，事後由該艦派兵送回。同時彭澤被擾，又經楚泰軍艦星夜馳剿，一戰盪平，其後湖口之匪退至馬影橋左近深山中，該艦準備作戰，放下汽艇在江干往返巡弋，並加派隊伍巡行城市，安撫民商，地方得免驚擾，匪亦懾艦砲之威，相率退散。湘屬之匪以盤據朱河鎮一帶匪眾為最悍，其圍襲新隄之匪，在該縣附近之楊家嘴搭架浮橋，希圖渡江，經電令勇勝砲艇嚴加警戒，一面派德勝軍艦馳往協防，乃將匪築之楊家嘴浮橋折毀，且與匪激戰數小時，擊斃甚夥，餘匪潰散，經派水兵躡蹤窮剿，一面更率陸戰隊、保衛團出發界牌、朱家峰一帶游擊，途與匪遇，下令圍攻，激戰多時，活擒匪首盧先雨、李僧春等。同時臨湘、岳州以及羊溪、松滋各地又迭有匪警，派德勝軍艦往弋臨湘、岳州，又令咸寧軍艦往巡羊溪、松滋，當德勝艦巡抵螺山時，發現山上臂纏紅布之共匪約數百人出沒山凹，經該艦猛烈進攻，開砲數次，傷匪甚眾，匪巢亦被我轟毀，方我艦擊散螺山共匪之頃，楊林山之匪突然放砲轟擊，我艦開砲掃射，爭相逃竄。咸寧艦出巡松滋、董市、羊溪及枝江等處，嗣即回防宜昌。公勝艦出巡藕池口、橫隄、新廠、塔市、郝穴各處，並在塔市左近用砲轟擊，斃匪無算。其閩海、沙坪一帶，經派湖鵬雷艇馳往弋盜，迭在秦嶼洋面兩次截獲盜船，俘捕甚眾。以上皆為五月間事也。距武穴左近之黃穎口、楓林兩地有共匪彭德懷殘部竄聚其間，而葦源口下山磯一帶嘯聚尤多，經派威勝艦

兜剿，破獲僭稱駐廣濟蘇維埃主席朱竹紅等六人。又派威勝軍艦往弋富池口、沙村間，在沙村附近山上發現臂纏紅布三五成群之匪眾，經威勝艦用機槍掃射，匪不能抗，遁入山中，威勝追蹤猛擊，將匪後方巢穴完全掃毀，殲匪甚眾，陽新之圍以解。威勝於大勝之後又往弋龍坪，航次在武穴對岸之馬頭磯山上發現共匪甚眾，開砲轟擊，斃匪百餘，擊沉匪船多艘，時龍坪對岸匪眾二千餘人亦正圖渡江，又經威勝軍艦開往截擊，連開數砲，將匪擊斃八百餘人，餘匪潰竄。時共匪彭德懷殘部又圍襲大冶縣，駐軍勢孤退卻，匪乘勢進佔黃石港及石灰窰一帶，威勝馳援到港，偵知共匪將由下陸分途退竄，一路向大冶縣趨新陽，一路由石灰窰趨黃石港，我艦因即開泊石灰窰，並派武裝士兵前往沿江鐵廠巡察，是晚探知匪眾約千餘人在鐵廠後山廟內集會，遂星夜下駛到道士袱山後，用大砲機關槍向廟轟擊，斃匪甚多，匪眾遂向深山竄潰，威勝回防石灰窰，夜用探海燈沿岸搜索，當時該匪全部由下陸退至大冶，黃石港、石灰窰一帶暫告安謐。以上為六月間事也。七月間共匪進窺贛垣，贛省府四向告急，亟派江鯤軍艦直趨吳城、南昌、吉安等處，於淺水儘量試航，匪聞艦至，亟即潰遁，全贛以安。適城陵磯、岳州一帶七月初又被匪襲佔，又令楚泰、誠勝兩艦各由駐地馳往會剿，並令咸寧軍艦填防長沙，楚泰艦在南洋港及岳陽江面砲擊匪眾，誠勝艦亦在岳州與匪激戰，兩艦迭將匪眾轟斃無算，隨於五日以次收復城陵磯、岳州兩處，其來擾之匪經殲除過半，殘匪向五里牌方面遁去，各艦一面綏撫地方，維持秩序，

一面迎護友軍前來接防，當匪眾在城陵磯肆劫之際，該
地海關稅務司等及其眷屬均避登燈船，誠勝軍艦聞警趨
援，將其救出，並將燈船拖赴新隄，外人及其眷屬遂得
脫險。誠勝艦於收復城岳後，巡抵鑼山，與匪激戰，用
槍掃射斃匪無算，所有近山匪巢更經該艦開砲將其完全
掃毀，該艦隨即續向城陵磯、臨湘兩地搜索殘匪，殲除
益眾，並奪回被劫之外商輪船一隻及大小民船十餘艘。
於時廣濟變兵通匪肆擾，擾及武穴，威勝聞警戒備，變
兵殘匪因而懾伏。事後威勝艦駛往蘄春下游之六爺廟地
方弋剿匪共，當巡抵黃顙口時，發現新建築之蘇維埃政
府豎有紅旗數面，並有紅服警衛共匪數十人，經威勝艦
連開大砲十二次轟毀匪之偽政府及匪之其他機關十七
座，並擊斃穿紅服之匪數十人，其餘少數之匪潰竄後山
而去，旋有匪眾二十餘人乘夜進窺龍坪，威勝艦啟椗往
援，將其擊潰。又共匪賀龍殘部七月初竊据公安，企圖
渡江與郝穴之匪聯合，經派德勝艦駐泊沙市警戒，匪潛
圖由斗河隄、馬家寨等處渡江，德勝艦馳往截剿，在斗
河隄遇匪四、五千人正在渡江，開大小各炮猛擊，相持
兩小時，終將匪眾擊潰，是役軍艦轟斃匪眾二千餘人，
郝穴之匪因大震慄，竄入普濟觀、白馬寺等處，距岸數
十里之外，德勝艦掩護陸軍登岸，四向搜索，殲匪益
眾。監利方面七月間亦告匪警，經派江元軍艦馳往弋
剿。七月底長沙被匪佔據，立飭楚泰、咸寧等艦星夜進
駛，兼程趨援，顧以湘江水淺，吃水稍深之艦艇無法進
航，因調勇勝砲艇儘量試航，一面令楚泰軍艦留守原防
與相策應，勇勝吃水較淺，適逢大雨，湘水增漲，因得

備冒風險直撲長沙，卒於激戰之下，立將共匪擊退，長沙城內遂告克復，此為七月三十一日事也。咸寧軍艦雖吃水較深，亦涉淺迤前，以八月一日進佔長沙江面，督同勇勝分任戰防之責，自是之後兩艦在長沙亟盼友軍早日回長接防，匪因憚於艦砲之威，逃向城外，不敢在江面附近，嗣匪復出沒無常，時向咸寧、勇勝兩艦放槍，兩艦亦斷續開砲還擊，殘匪旋即潰逃。綜計一、二、三、四等日，咸寧、勇勝兩艦均在長沙江面巡弋，一面與陸軍接洽掩護渡江以及聯絡信號燈號等等，促其早日前進，遂於五早二時掩護陸軍由岳麓山渡江入長沙城內接防。於時擾贛之匪方志敏、黃峕兩股分佔馬當，於鄂屬之田家鎮，贛垣益起恐慌，經飭江犀、江鯤兩艦涉淺進航，更番在馬當、彭澤等處巡探匪情，其湖口左近亦經派艇巡駐其間，江犀艦又曾一度涉淺駛入南昌，與江鯤艦往返巡弋，匪亟避開江岸竄入內地，不敢窺伺潯湖。此外蘄春、武穴間匪勢仍未全殺，八月初楚觀軍艦以蘄春北岸六爺廟之匪傾巢攻城，勢甚披猖，馳往剿擊，將其擊退，其後蘄春東南黃土嶺一帶有共匪千餘進窺縣城，官匪交戰正在緊急之際，適楚觀隨帶軍隊趕到，將匪擊退，縣城得以無虞。楚觀又在蘄、武一帶巡弋，先後迭將黃顙口及青石山之匪擊潰，並砲轟沙鎮各村，匪巢擊破多處，自後連日與黃顙口之匪激戰，終獲全勝。此方面之匪忽又圖擾武穴縣城，並有大批之匪由陽新潛圖渡江與江北股匪結合，經派江貞軍艦馳往遏阻，疊於十七、二十等日在黃顙口、猴兒磯與匪激戰，斃匪甚眾。時楚泰、民權兩艦先後上巡，均在黃顙口遇

匪，激戰獲勝，所有匪巢率被擊燬。自後楚觀、江貞、
楚泰等艦同在此方面勤事剿弋，匪懾於艦砲之威，不敢
再在江面及沿岸活動。是時郝穴之匪輒亦蠢然思動，派
德勝艦下駛弋剿，在石首附近遇匪四、五百人，將其擊
潰，隨向郝穴進駛，遇匪輒擊外，此如九江之匪擾，賴
有民權軍艦之鎮懾警戒得以綏定，寶塔州之役由江元軍
艦之掩護輸送陸軍隊伍，終得戰勝匪共。再就海防弋盜
而言，淞滬海面有多數艦艇駐泊鎮懾，崇明一帶則有湖
鶚、海鵠各艇梭巡弋捕，三甲鎮之海盜因而削平。定海
左近則有海鷗砲艇前往巡弋。此皆為八月間事也。擾湘
之匪八月底乘虛來犯，幸有咸寧、勇勝兩艦更番防戰，
匪被創者屢，遂不得逞，兩艦時而鎮懾長沙江面，時而
進攻匪方陣地，時而轟燬山上匪巢，時而掩護陸軍渡江
追擊，時而開砲截擊匪眾，前後激戰數日，猴子磯、豹
子嶺、易家灣、東窰港、石牌嶺等處之匪，以次擊散，
其退向大托浦方面者，經我艦砲轟擊，斃命尤多。截至
九月六日止，所有豹子嶺至湘潭一帶之沿江共匪，均經
掃剿肅清，其易家灣、暮雲市以及南湖港一帶殘匪，又
續經擊潰，截至十七日止，惟醴陵、淥口一帶尚不免有
少數殘匪散匿蠕動，因此咸寧、勇勝兩艦於肅清長沙、
湘潭後乃進剿株醴一帶，勇勝由易家灣上巡至易俗河，
雖值秋江水淺，仍復冒險前進，往返巡弋於湘潭、易俗
河之間，株州及淥口之匪驚潰奔竄。於時敗竄向平江之
匪忽於九月中旬肆擾汨羅、歸義等處，經派勇勝艦馳抵
湘陰，咸寧、楚觀兩艦分扼長岳，匪見艦至，知有戒
備，更聞多艦尾隨進發來剿，益復震驚，遂於二十三早

竄向新市、長樂而去。黃穎口之匪自八月底以來，派由
楚觀艦巡駐剿弋，九月初該艦在王氏村、長湖港、攔排
磯、黃穎口等處砲擊匪巢，並掩護陸軍在陳家嘴地方分
隊登岸前進剿擊，匪初尚頑抗，嗣經楚觀艦開砲並機關
槍猛擊匪陣，均擊中其密集之地點，匪死傷甚多，終乃
潰退，該艦復掩護陸軍由沙村登岸削平該村之匪，並擊
沉匪船多艘，此為九月五日之事也。其後改派楚泰軍艦
擊潰黃穎口匪陣，匪受創後亟向山洞逃匿，該艦因即掩
護陸軍前進搜剿。陽新縣屬之共匪九月間竟劓劫楓林及
小兒塔一帶村鎮，並乘機進犯富池口，希圖由此渡江與
其他股匪相勾結，經派楚泰軍艦馳往剿弋，該艦抵富池
口後迎頭痛擊，卒於兩次激戰之餘將匪擊潰。又沙市近
郊於九月初輒有匪警，經派德勝連夜下駛，先將隄岸兩
傍潛圖渡江之匪施以猛攻，以絕匪之援應，再以大砲猛
攻匪方陣地，並黃夜開探海燈掃射，使匪無可遁匿，是
役計斃匪偽師長一名，殲除餘匪無算，匪受此重創，亟
向北沙一帶逃竄，沙市因得安定。德勝艦在沙市平匪後
往弋監利，當航次調關，瞥見大股共匪在該處潛圖渡
江，德勝前進迫擊，用大砲及機關槍分向兩岸掃射，已
渡岸及將到岸之匪受創落水死傷不計其數，其在調關南
岸方面者紛向後退，亦猝不及避，致多被殲，南岸匪巢
亦盡被毀，其始匪徒開槍對艦還擊，力圖頑抗，終以傷
亡枕藉，喪失戰力，退竄內地。同時沙市對江之匪亦疊
次潛圖渡江，均經派艦擊退。嗣該方面復集匪數百，經
派德勝軍艦馳往弋剿，將其擊潰。九月十二早監利縣城
被匪攻陷，經派德勝、楚觀兩艦分道由沙市及城陵磯馳

往應援，並令順勝軍艦留駐新隄，以相策應，犄角之勢
既成，進剿之軍力益厚，楚觀軍艦當航次觀音州時，遇
見匪眾數百成群匿藏叢林密葦之間，先將被劫貨船從匪
手奪回，更以機關槍及砲向匪陣猛烈掃射，將其擊潰，
匪傷斃甚眾，餘亟遠竄，自後德勝、楚觀兩艦連向匪陣
猛攻，均佔勝利，當德勝巡近監利時，兩岸共匪麕集，
勢殊頑強，經德勝以機槍及砲分向兩岸猛烈射擊，斃匪
甚多，匪漸懾伏。上述以外，如通濟之巡弋皖匪，省防
賴以鞏固，江犀、江鯤之驅除鄱陽湖匪，吳城、都昌、
湖口各處賴以轉危為安，湖鷹之彈壓大通傷兵，地方賴
以免生事變，又如景星之窮追大安港匪踪，海上商輪賴
以通航無阻，海鷗之截獲溫州盜船，一般漁民賴以各
安。其業皆為九月間事也。

## 二、整理教育事項

　　本年度首將學校編制及課程修訂妥善，次則延聘
教材與招考新生。亦經分別進行。所聘英籍教官兩員，
均係英海軍高級軍官，業於五月間來華，六月初到校授
課，其聘期、年俸及所授課目，均預有接洽，九月間英
使到京已與訂立正式合同。招生考試以四月底辦竣，計
共考取九十七名，五月初到校開學，循例試讀三個月，
八月初舉行甄別及分班考試，派總務司長李世甲前往監
考，甄別淘汰，並就其考試成績作為分班標準。綜計閩
校現有航海三班、輪磯兩班，課程視前為嚴，航海、輪
機以外並設立無線電班，附設於近畿水魚雷營，挑選學
生二十九名，八月間開始授課。又航海班學生黃劍藩等

四十五名，先後經過馬尾、煙台各海軍學校學習校課及魚雷、槍砲各種科目，並其他艦課，前後歷八年之久，本年五月間畢業，經飭令全班來京受試，竣考後分別派艦練習。又駐艦練生周伯燾等升學艦課後，奮勉求知，前後調駐應瑞、通濟各艦，以次巡航遠程，俾資習練。其天津海軍醫學校近屆畢業考試，經於四月間舉行，畢業學生計二十一名，經飭來部報到，分派見習，並調往陸海空軍總司令部後方醫院同任調護事宜。此外遴定員生曾國暹、姚璵、何希琨、葉可鈺、李慧濟、孟漢鼎、張大澄、陳洪等八名，派遣赴日本海軍留學，七月間來部趕習日文、日語，九月二十三日赴日就學，其學額、學齡、待遇、管理等項，均經與日海軍省妥商。留英學員周憲章、周應聰、華國良、張鵬霄、楊道釗、歐陽寶、陳大賢、高光佑等八名，到英就學後輒有進境，九月間升入航海學校肄業。留英學生陳瑞昌、林祥光、陳贊湯、高如峯、林準、陳書麟、鄧兆祥、林夔、程法侃、林瀅、蔣兆莊等十一名，自到英後，依序學習艦課，已於四月間季考合格，五月間回艦續習本季課程，與同級之英生相仿，且多一短期巡洋之實習。留美學員蔡道錠、翁壽椿、何傳永等三名，留美日久，原定本年十月完業，現因專攻製圖、地磁學、測潮學等，經令其繼續學習，以求深造。其在國內各校前後派測量員羅嘉惠、葉裕和兩員，三月間前往航空攝影測量班參加學習，又派科員陳培堅等三員，九月間前往軍需學校學習簿記。此外對於士兵訓練籌議擴設練營，五月間畢業之練兵五十四名，八月間又畢業六十二名，均已考試合

格，分派服務，期以明年為始，招足一千名兵額，每月畢業五十名，以備遣用。其原在艦艇服務之練兵又經抽調，發交廠所實習內燃機等項。

## 三、艦艇操練事項

海軍各艦艇就地操演，各將成績報告到部時，亦由部調集多艦，指定地點，由第二艦隊司令部陳紹寬督率舉行會操。五月間楚有、楚觀、民權、靖安各艦，湖鶚、湖隼、辰字、張字、誠勝各艇，奉令齊集近京八卦洲江面，每日侵晨操演流錨、碰船、塞漏、離船、救火、舢舨、出軍、實彈射擊、萬國及本軍通語旗號，夜間並操演水靶、探海燈、本軍暨萬國通語燈號及滅火、夜戰等，隨又由各艦艇長率帶舢舨演習各種船陣，變換陣勢均極純熟。五月底令調魚雷隊各艦艇分批集中湖口會操，並演放魚雷，由魚雷游擊隊司令曾以鼎指揮，其第一批出發者為張字、辰字、湖鶚、湖隼各艇，均由豫章軍艦率同西駛，五月三十日到達湖口，六月一日起按日會操，部派科員王學海、吳以貴隨隊出發，幫同辦理，同時又將魚雷士兵班士兵分批派出，隨同操練，第一批派出之士兵共二十二名，第一批會操各艦艇十二日竣事，其第二批出發會操者指定建康軍艦與湖鷹、湖鵬、列字、宿字等四艇，六月十四日由京出發湖口，並帶同魚雷班士兵前往，仍由曾司令與部派吳、王兩科員督導操演，二十三晚竣事。

## 四、測量進行事項

海道測繪作業前經決定，先自三門灣至乍浦、海口、台州灣，並海門一帶至溫州口，甌江及其附近，甌江至三都灣，南關港及其附近，富陽及其附近，三都澳及其附近，海壇峽、湄州水道、泉州港、海壇灣、興化水道，珠江至廣州、海南，峽江、南島、江陰至漢口，漢口至宜昌、長沙，連同乍浦灣等處，籌備進行。關於長江流域之複測者，派慶雲、青天兩測艇先後於三月間出發，其工作區域劃定慶雲為江陰至南京一段，青天為南京至蕪湖一段。關於浙海之測量，原派甘露測艦擔任，嗣因該艦就修未竣，特僱用滬大輪船遣派原班員工，九月間出發測量，其任務為安置各該段兩岸三角測量標誌，以便於必要時複測，藉作收回領港權之準備。長江新測量計劃，仍根據民國十一年至十八年之測量工作程序，第一步就以前安置之石標被盜匪偷竊及江水沖沒者，先為整理，第二步將各石標改為六寸水門汀圓柱，其計劃程序：

（一）在選定之標誌地點安置水門汀標。

（二）建立測量標桿。

（三）依此標桿實施三角測量。

（四）遷換舊損標桿。

（五）安置水門汀塊。

（六）每置標誌地點至少須經測量三次。

此外測量象山港山地，六月間工作完竣，對於勘測東方大港港地，四月間部令海道測量局籌備進行，九月間派該局測量課課長謝為良偕同中央建設委員會所派專

員前往勘測，又派慶雲艇長葉可松前往香港參加英艦測量。近為注重國防，統一測務起見，呈請將海關代辦測量業務收回，歸海道測量局辦理，業奉政府令准，正在籌備接收。

## 五、航空設備事項

海軍航空事業分建造與教育二者，學員陳長誠、彭熙、何健揭、成棟、鄧則鎏飛航學藝均已精嫻，學生蔡友濂、林慶雲、許成榮、李利峯、高學濂、陳壽元、任友業、梁壽章、陳啟華、李有資、林蔭梓、唐任伍、陳希松、許葆光等十四名亦先後單獨飛行。其飛機之擴充多由海軍製造飛機處自行製造，該處成立未久，已造成大小飛機十餘架，中間尤以海鷗號之機製式樣為最優，其江鴻一機九月間試航適用，江雁一機九月底亦告成試飛，成績與江鴻同。其由英國價購者，七月間運到三架，命名為江鷥、江鶿、江鶒，此外將原有之飛機水面浮船加以修繕，另就上海添建停機廠一所，廈門建飛行場一處，均在計劃進行之中。

## 六、收回引港事項

自揚子江引港傳習所開辦以來，先辦淞漢區引港員之登記，其期限原定一月二十日至二月二十八日為止，嗣因各引港多在外埠輪船服務，來滬需時，展期至三月底截止，計前後所登記者二百一十人，其實習引港者十六人，尚有引港八十人因職務關係不能即時親來登記，先由引港員公會開單呈請存記。該所設施程序分為

四項：一登記、二授課、三考試、四給照，同時對於引
港員之研究航藝並予以優異之獎勵，更由部令通飭各艦
艇自行熟練引港經驗，蘄能臻善航藝，不再假手外人引
港。最近該所聘測量局技術主任米祿司為名譽正教官，
教授揚子江水道實學，並籌擬增聘專門教員擔任演講，
一面按照國際條約，採擇中國各口引港章程，以備彙集
成書，為收回引港權參考之用。

## 七、修造艦艇事項

海軍部直轄之造船所共有四處，以江南造船所規
模最為恢宏，所有年來新造各艦多由該所製造，其圖案
計劃以及施工程限，部中均預為劃定。逸仙新艦四月十
日安放龍骨，並舉行開工典禮，所有脊骨鋼板以及其他
工程，均以次裝配，現在大部分已告完工，預擬十一月
十二日總理誕辰該艦可舉行下水典禮。其續造之民生新
艦，圖案已計劃成就，安放龍骨亦正在邁。又建安廢
艦，前經就塢改建，數月以來已燦然成為新製，經改定
艦名為大同，不久即可竣工。此外更有就修各艦，多係
小部分毀損，程期甚暫。新艦添造與舊艦興修現正兼籌
並顧，以期江海防務足敷分配。

## 八、觀象報警事項

氣象電報前與交通部交換意見，認為應將氣象狀
況逐日由無線電廣播。三月間由海軍、交通兩部會咨財
政部轉令重慶、宜昌、長沙、漢口、蕪湖、溫州、廣
州、廈門、煙台等九處海關，嗣後除每日氣象電報由有

線拍發外，另送由各該處無線電將同樣電報一份拍至上海氣象台、航空站，南京氣象台、航空站，以為推算製圖之根據。其航海警示通告，向由海關頒發，自本年四月份起已改歸海軍方面印發。此外關於設備及建設者，前此計劃於揚子江口設立求向台三座，五月間已將此項無線電求向器採購運滬，並已勘定奉賢縣南門外距離八里之地先建第一求向器台，其餘各處尚在繼續著手。又東沙島台屋以及各項建築年久失修，六月間聘定工程師前往估修，九月間僱就員工運島工作。其西沙島台之建設，五月間估計預算呈府請款，一面著手準備進行。南沙島台七月間通過院議准予撥款籌建，正在遴派勘測。

綜上所列，係就海軍要政所不容或緩者分別舉辦，以期循序敷設，日進有功，完訓政之精神，樹憲政之基礎。其最近行政計畫概要，如培育人才、艦政建設、籌備軍實三項，曾於三中全會時編送關於進行辦法及應需經費，均已詳敘，只以國家財政支絀，尚未克遽見實施。至訓政時期遞年工作之綱領，計分為軍務、艦政、軍械、海政、軍學、經理各部分，通盤籌畫列成方案，而最關重要者則為艦隊之擴展，蓋自通商以來，海防日亟，海軍實力之強弱與國際地位上有密切關係，曠觀列強趨勢，海軍事業日新月異，我國實瞠乎其後，自應急起直追，力圖進取。目下所致力之工作，不過具建設端倪，其大規模之組織，尚須繼續籌備，以十五年為期，達成六十萬噸之軍力，方克與列邦並駕齊驅，以符海軍新建設之本旨也。

# 財政部

　　討逆之戰雖在五月開始接觸，而上屆大會於三月間舉行時，各叛軍已蠢蠢欲動，逆跡漸著，中央自不得不預為討伐之準備，故當時縱未實行作戰，已需作戰時期之軍費。是本年三月起至十月止，即視為完全在作戰時期中，自無不可。夫以軍隊之眾，時期之久，戰線之長，戰鬥之烈，其需費之鉅，區域之廣，已可概見。財政上經過如此空前之戰事，其影響所及，結果遂發生：

（一）軍費之擴充。

（二）收入之減少。

　　於此入少出多之時期中，而挖肉補瘡，移緩就急，以資應付，其困難自較平時為更甚。

　　自軍費之擴充言之，於戰事以前即須調動大軍分別佈置，如開拔費、運輸費、補充軍械費等所需既鉅，而此數個月間之給養、服裝等猶不在內，且戰事中之招募費、醫藥費及犒賞費、撫卹費、臨時支出，關於戰事之前途尤較密切，刻不容緩。故依平時軍費計算，實超過將近一倍，而戰後之善後費，中央即定有辦法，而對於地方，一面須休養生息，一面尚須力謀剿匪清鄉之善後，其所需幾何，尚須待大會之討論。雖軍費或有減縮之希望，而來日大難已可預知此其一也。

　　更於收入之短少言之：

（甲）直接者，似此次軍事影響，除晉、冀、察、綏、陝、甘諸省在逆敵之手不計外，即如魯、豫之大部分亦為逆軍一時所佔領，國稅之損失尚無報

告，而津海關且為辛博森所強佔，所有該關新
增稅收悉被強提。

（乙）間接者，以同時因大軍調赴前方，各省內地匪
亂頻仍，致政府權力所及，鄂只三分之一，贛
只五縣，湘之長沙且兩次失守，而閩、贛、粵
邊界尤時有流竄，至蘇之江北、浙之東南亦時
有擾亂，況平漢、津浦、隴海、粵漢各路皆因
軍事影響而土匪充斥，商運當然停頓，人民且
無安枕之可能，商賈焉有藏市之欲望，是稅源枯
竭收入減少，自不待言，此其二也。

尚有一事為國際經濟關繫，而我國適受其鉅大影響
者，即於此軍事時期中，又值銀價暴落是也。查外洋輸
入之貨物，皆以金本位計算，而貨價因金價而暴漲，
人民購買力亦因是減少，即中央所僅恃之關稅收入亦不
無影響，其困難情形且將倍昔。雖以改徵金本位為補救
之方，究尚無根本之救濟，蓋以地方多故，財政整理為
難。而左支右絀，精神悉耗於籌款之中，即如整理幣制
須集基金，裁撤釐金須求抵補，均尚有志未逮。而又值
此軍事未定之秋，盜匪猖獗之會，但求顧及目前一時之
維持，寧能再作全國長久之計畫，是在此軍費增多、收
入減少狀況之下，安有整理財政之可能。且北方軍閥所
有戰費，無不取諸人民，遂致苛捐雜稅層疊增加，我政
府以人民於戰事之中，其困苦已屬萬分，故討逆時期中
對於國稅並未增加人民分文之負擔，蓋為安定國內人心
及維護社會經濟起見，既已不能加稅，復求不誤軍需，

只有出於以未來稅收發行債券，及向各銀行抵押貸款，以渡難關，此本一時萬不得已之辦法，而非明知故蹈者，深望戰事自此結束以後，中央威信既已健全，則一方軍費自可漸減，一方商務自可恢復，而全國稅收自可希望有整頓之機會。惟破壞之餘而求建設，須知多一次破壞則建設多一層困難，不得不稍待時日，蓋以此後六個月之收入已大部為銀行借款之抵押，其債券之基金則更有表可稽，理應在踐信之列。如果我黨及政府以討逆之決心與犧牲，移於財政上之整頓及改良，則此後建設之前途自可操券。至最近財政上之計畫，已另根據主義及大綱，參以學識經驗，並徵集中外專家意見，容即另陳大會採擇。所有本年收支數目，應俟各機關報告到齊再行彙報，茲先將本部在作戰時期財政上之工作略有可述者，謹陳其梗概如右。

# 農鑛部

　　竊查職部所有政治工作，均係遵照總理實業計畫、中央決議各案，及由部擬呈之訓政工作分配年表次第推行。其最近期間應行辦理各事項，亦經於三中全會開會時附具最近行政計畫呈送鑒核在案。數月以來，本擬依照此項計劃分別實行，惟因軍事時期，交通梗塞，加之財政竭蹶，所有建設事業經費既難於籌措，計劃多無從進行，是以最近工作，惟就力之所能及者，督率員司認真辦理。其關於法規制定方面者，則選擇其切要易行或急需適用者，先行擬定草案呈請公布，如鑛業法、農產物檢查各規程、農業推廣各規程。是其關於行政設施方面者，則以經濟之調查統計，行政上之監督指導，及建設事業之籌劃與實施三者同時並進，如在農業行政則注重於農業推廣之促進，農業金融制度之實施，農產物檢查之推行。在林業行政則注重於造林運動之擴大，中央模範林區之整理，防水林之籌劃。在鑛業行政則注重於鑛業法之施行，國營鑛業之整頓，鑛業積案之清理。而各項統計之徵集，各地經濟情形之調查，亦均尅期進行。惟屬於建設性質之事業，多係賡續既往酌加擴充。至從新規劃者，方案雖具，往往因經費拮据，不能著手，現值軍事結束，自當兼程並進，極力求其實行。茲將數月內所有工作，擇要臚陳以備察核。

## 一、法規制定事項

　　關於農林鑛各法規在三月以前制定頒行者已有多

種，尚有由職部擬具草案呈送行政院核轉立法院，現在審議之中者，如租佃法、業佃糾紛仲裁法、雇農保障法、農產物病蟲害防除規則、農作物選種規則各草案。是至三月以後公布或草擬之法規，茲分為三項，臚列於左。

（一）公布各種法規

　（1）棉業試驗場章程及處務通則

　　　為整頓棉業試驗場場務起見，特修訂棉業試驗場章程及處務通則，已呈送行政院核准，以部令公布施行。

　（2）種畜場章程及處務通則

　　　為整頓種畜場場務起見，曾由本部修訂該項章程及處務通則，已呈送行政院核准以部令公布施行。

　（3）漁業法施行規則

　　　為謀經營水產業者明瞭漁業法各項施行程序起見，經職部擬訂該項施行規則呈送行政院轉呈國民政府核准備案，並以部令公布施行。

　（4）漁會法施行規則

　　　為謀漁民組織、漁會明瞭呈請立案程序起見，經職部擬訂該項規則呈送行政院轉呈國民政府核准備案，並以部令公布施行。

　（5）漁業登記規則及施行細則

　　　遵照漁業法第三條之規定，應制定漁業登

記規則及施行細則，俾漁業權者得依法呈
請登記以資保障而謀發展，此項規則及細
則，業經由部呈送行政院轉呈國民政府核
准公布施行。

（6）種畜配種規則

前北京農商部所訂種畜配種規則施行以來，
尚多不能適用之處，本部特修訂該規則以資
改良種畜，業經呈請行政院核准公布。

（7）種牡畜檢查規則

為改良種畜並防止劣種遺傳起見，曾由部
擬訂該項規則呈請行政院核准公布。

（8）種畜貸與規則

為圖種畜改良及繁殖起見，業由部擬訂該
項規則呈請行政院核准公布。

（9）農產獎勵條例施行細則

為獎勵農民應用科學方法或新式機械，改
良品種，增加生產起見，曾經公布農產獎勵
條例以資適用，依該條例第八條之規定，
復經擬訂施行細則，呈經行政院核准以部
令公布施行。

（10）進出口及轉口食糧查驗登記章程

為調劑全國民食統籌食糧盈虛起見，由部
擬具進出口及轉口食糧查驗登記章程，呈
送行政院轉呈國民政府移中央政治會議決
議通過公布施行。

（11）蠶種製造取締條例施行細則

為改良蠶種取締製造起見，曾制定蚕種製造取締條例，呈准行政院頒行，依該條例之規定，特擬定施行細則呈送行政院核准以部令公布。

（12）中央模範農業推廣區組織章程

農業推廣於農民教育及農業改良關係甚切，應由中央設立模範推廣區以資效法而利推行，現由部會同中央大學設立模範推廣區，並經擬定組織章程呈經國府備案以部令公布。

（13）中央模範林區管理局組織章程

中央模範林區從前係由部會共同組織委員會管理，惟因辦事頗多不便，故改組為管理局，俾一事權而期敏捷，業經擬訂組織章程呈准以部令公布。

（14）鑛業法

鑛業法草案由部擬定呈請行政院轉送立法院，後經部迭次派員赴院詳細說明，已由立法院審定通過呈請國民政府於本年五月明令公布，惟其施行日期尚待施行細則公布後由部酌定呈請核准。

（15）鑛業法施行細則

此項細則為鑛業法施行時之要件，經部根據鑛業法詳擬草案呈送行政院核准公布。

（16）鑛場實習規則

　　　鑛業技術既須參合各種科學，尤須加以實地經驗，吾國鑛科畢業者固不乏人，而確有經驗者尚嫌其少，故特定此項規則，規定畢業生得由部介紹或派送各鑛場實習，以資深造，業經呈准以部令公布。

（二）草擬各種法規草案

　　（1）農品檢查條例

　　　　現行農產物檢查條例係於十七年呈准公布，其中關於檢查物品及檢查程序多有應行修改之處，故由部另行擬訂農品檢查條例，呈由行政院核轉立法院，現尚在審議中。

　　（2）農業保險法

　　　　為救濟農業災害，圖謀農業安全起見，亟應施行農業保險制度，故由部擬具農業保險法草案，擬俟呈准後施行。

　　（3）農具減稅條例

　　　　為改進農作，增加農產，減輕農民負擔起見，對於農業使用器具應減輕稅則以資獎勵，故由部草定農具減稅條例草案，俟呈准後施行。

　　（4）農業合作社暫行規程

　　　　農村經濟衰落，合作運動亟應推行以資救濟，故由部草擬農村合作社暫行規程，俟呈准後施行。

（5）中央農業金融委員會組織條例

關於全國金融制度之籌畫與實施，應特設機關以專責成而期促進，故由部擬定中央農業金融委員會組織條例草案，俟呈准後公布施行。

（6）中央農業銀行條例

中央農業銀行為各農業金融之樞紐，非從速設立不足以促全國農業金融之發展，故由部擬訂中央農業銀行條例，擬即呈准施行。

（7）農民銀行條例

農民銀行應在各地方設立以便於農業資本之融通，現在雖間有設立者，然無條例以資遵守，不足以期保障而謀發達，故擬定此項條例草案，擬即呈送審核。

（8）中央移墾局及中央移墾委員會組織章程

移民墾荒為民生最要之策，應由關係各部會共同組織專管機關始足以謀聯絡而資促進，現已會同內政部往返商議，擬定此項組織章程，俟審定後即行呈核。

（9）江浙區漁業委員會章程

江浙沿海漁業極關重要，從前監督管理之責屬諸江浙漁業事務局，職責頗欠分明，擬將事務局改組為江浙漁業委員會，由部會同財政部及江浙兩省組織，庶中央地方互相輔助，收效較易，此項章程業經會同擬定，擬即呈核。

（10）漁業警察規則

漁業警察關係於水面之安全、漁業之保護，自應制定法規俾資遵守，現經擬定規則草案，擬即審定呈核。

（11）森林法施行細則

本部所擬森林法草案業於上年呈送國民政府交立法院審核，茲復草擬該法施行細則五十條，一俟森林法公布即行呈准公布。

（12）森林保護條例

關於森林保護事項，森林法曾經規定大綱，惟其詳細辦法尚應另行釐訂，茲經草擬關於森林保護之單行條例，俟森林法公布後即行呈送。

（13）國有林區管理規則

國有林區業務至為繁重，其管理方法自應妥為釐訂，現已草定管理規則，畫分管理員與施業員相互間之職權，以專責成，擬即呈送審核。

（14）森林警察條例

森林警察於林業保護關係至切，而在我國尤屬創行，必斟酌地方情形方能收事半功倍之效，故特擬具森林警察組織條例草案，俟森林法公布後即當呈准施行。

（15）鑛業登記規則

民三鑛業註冊條例之內容既與鑛業法規定不符，復有繁簡失當之處，故由部特就鑛業法

應有之規定及行政上應有之手續，另行草擬
鑛業登記規則，俟審定後即行呈送。

（16）鑛業監察員規則

欲使全國鑛業日有進步，非實行監察制度
不為功，故由部依據鑛業法草擬此項規
則，擬即審定呈核。

（三）核定下級機關呈送之各種法規

（1）檢查蠶種施行規則

檢查蠶種，所以促蠶業之改良，業由上海農
產物檢查所設處開始檢查，並擬具檢查蠶種
施行規則呈部審核，准予備案。

（2）檢驗棉花試行辦法

江北各地為產棉最富區域，農民每圖獲利，
攙水摻楂，多損棉質，殊於棉業前途有礙，
特令江北農產物檢查分所擬定檢驗棉花試行
辦法，呈部核定施行。

（3）小麥檢驗施行辦法

江北各縣產麥最富，農民為貪圖微利，往
往攙合雜物，致於品質有傷，影響所及，
農、商兩業俱蒙不利，上海麵粉同業公會
特呈由上海農產物檢查所轉呈本部請求施
行檢驗，並經由該所擬訂小麥檢驗暫行辦
法呈部核准施行。

（4）檢驗病蟲害暫行辦法

年來病蟲害繁滋不已，農產所受損失甚鉅，

推其原故，實由舶來品附帶輸入者為多，特令上海、廣州兩農產物檢查所會擬檢驗病蟲害暫行辦法，呈部核准施行。

（5）中央農產推廣委員會農業推廣實業區組織章程

中央農業推廣委員會為倡導農業推廣計，擬在國內適當地點舉辦實驗區，故擬具此項組織章程分呈中央黨部訓練部、教育部、內政部及本部核准施行。

（6）江蘇省農業推廣委員會組織章程

依農業推廣規程第二條之規定，各省得設立農業推廣委員會指導並督促本省推廣事宜，江蘇農鑛廳特擬具此項組織章程呈部核訂，業已准予備案。

（7）江蘇省合作社暫行條例施行細則

江蘇省合作社暫行條例曾經該省政府制定公布，茲復由該省農鑛廳擬訂施行細則呈部核准。

（8）中央模範林區合作苗圃合作林場辦法

推廣造林重在普及，亟宜督促民林誘導合作，藉謀發展，中央模範林區管理局注意推行合作制度，故擬訂此項辦法呈部核准施行。

（9）熱河省造林規則封山簡章

熱河林地甚多，關於造林及禁伐各辦法尤為切要，現在森林法尚未頒布，故先由該

省擬定單行法規經部核准施行。

（10）熱河省第一林場簡章

該簡章規定林場組織及管理方法，經部核
准業已施行。

## 二、農業行政事項

農業行政之重要事項為提倡農業推廣，以謀農村
生活之進步，推行農產物檢查，以求農業生產之改良，
而規劃墾殖、保護漁業、改良畜種、徵集農業統計，亦
復與之俱進。茲擇其最要者分項列舉於左。

（一）關於農事者

（1）組織農業金融討論委員會

此項委員會係依照章程聘請專家，並派定
部員為委員，曾經繼續舉行會議九次，其所
議決事項為：

1. 全國農業金融制度及其方案。

2. 中央農業金融委員會組織法草案。

3. 中央農業銀行條例草案。

4. 農民銀行條例草案。

5. 農業保險法草案。

6. 農業銀行、農民銀行分期設置案。

均擬由部審定，分別呈准施行。

（2）組織農業改良討論委員會

此項委員會亦係聘請專家，並派定部員為委
員，關於促進農產改進方法及進行程序，

迭經開會討論，擬俟各方案決定後，分別
審定推行。

（3）擬具關於確立農業政策為發展工商業之基
礎案整個計畫規程

確立農業政策為發展工商業之基礎，案經
二中全會決議由府院令部遵照決議案擬具
整個計畫規程，本部奉令後即會同內政、
交通、鐵道、教育各部及建設委員會迭次
籌商草擬就緒，於三月初呈送行政院，並
將職部有關係之各項出版品一併附送。

（4）推設農產物檢查所

職部直轄上海、廣州兩農產物檢查所，曾
在天津、江北、福州、廈門、汕頭等處設
立分所，本年三月以後廣州農檢所，復於江
門增設分所，江北分所亦於崇明、啟東、海
門、靖泰、如皋、泰東各縣增設檢驗處。

（5）試辦棉花小麥及病蟲害檢驗

此項檢驗辦法經各檢查所分別擬訂呈部核
准已如前述，至實行檢驗則均在試辦中，
如棉花檢驗在江北分所業已開始，小麥檢驗
在上海農檢所及江北分所均已先後施行，
病蟲害檢驗則由廣州農檢所及各分所先行
試辦。

（6）開始蠶種檢查

我國蠶絲事業日益衰落，實以蠶種惡劣，
絲產品質不良為其最大原因，職部特在上海

農檢所設立蠶種檢查處，對於國外輸入及國內製造之蠶種施行檢查，由部製印普通蠶種及原蠶種合格證，凡經檢查合格者給予合格證准其銷售，其有設場製造蠶種者另行核給製造許可證。又以江、浙兩省為產蠶最盛區域，其境內運銷之蠶種甚多，為便於檢查起見，特由部委託江蘇農鑛廳、浙江建設廳就近代為檢查，向部領證核發。

（7）辦理進出口及轉口食糧查驗登記

全國食糧亟應統籌盈虛，藉謀調劑，擬先查核輸出入之食糧，以觀概況，已令上海、廣州兩農檢所依照進出口及轉口食糧查驗登記章程開始查驗登記，其他設有海關之各省市亦經委託各省市政府酌辦，其辦理經過業經呈院有案。

（8）頒發檢驗合格人造肥料成分表

上海、廣州兩農產物檢查所呈送檢驗合格之人造肥料表到部，經部頒發各地方，俾資參考而杜欺矇。

（9）規定農業費事業費

准行政院祕書處函送鎮江縣執委會呈送該縣代表大會議決農業費事業費成數請通令實施一案，當經分咨各省政府請於每年預算案內按照該議決案，規定農業費最少額佔歲收百分之二十，事業費最少額佔農業費百分之八十，以昭劃一而重農政。

（10）協助創辦土壤調查所

調查土壤、辨別性質以確定肥料之施壅、作物之栽培，關係農事最為重要，廣東建設廳擬創辦土壤調查所與部轄廣州農檢所合作進行，因經費不足請由該所呈請職部協助，當令由該所准於檢查費收入項下撥給開辦費三千元，月支經費一千元，俾資成立。

（11）督促各省防治蝗蝗

年來各地蝗蝗為患甚劇，必須各地共謀防治方獲全效，特敘述各種防治辦法通令各省農鑛、建設廳切實推行，以除農害，旋經先後將辦理情形呈復到部者計有多起，均已歸卷存查。

（12）徵集國內外農產標本

為明瞭各地農產品實際情形以資研究起見，特向各地徵集標本，現已達到者有部轄棉場之棉產及中央農學院之各種農產標本。

（二）關於墾務者

（1）籌議設立移墾局

關於開闢東北、西北荒地以發展農業，救濟失業人民，曾經部擬具計畫呈送審核，惟實施此項計畫應設立專管機關，以一事權，擬於中央設立中央移墾局，於東北、

西北各墾區設立各區移墾局，現正與內政
部往返磋商，籌議進行辦法。

（2）繼續籌商官兵遣置辦法

前奉交辦會同編遣委員會籌商被裁官兵遣
置辦法，業派員前往迭次會商，後又奉到
行政院令奉國府令為山西省執委員會電請
迅照本黨計畫實行移民或遣兵屯墾，並由
政府明定優待獎勵辦法遵照併案辦理，復
派科長潘贊化前往會商，並由部抄送關於
屯墾之計畫及方案，現在軍事結束，擬即
籌商積極進行辦法。

（3）計畫培植墾殖人才

我國墾殖專才向感缺乏，亦未設立墾殖專
校以宏造就，職部近與教育部往復咨商，
為造中等程度之墾殖人才，計擬於各墾區
域或其附近設立墾殖職業學校，遇必要時
並得設灌溉組。

（4）擬具蒙藏墾牧應歸國營提議案

蒙藏各處荒地甚多，人民智識淺薄，資力
缺乏，墾牧難期發展，宜定為國營事業，
實行大規模之墾牧，並移殖內地人民前往
開拓，爰本此意擬具提議案，於蒙古會議
開會時提出討論，其原則業經通過。

（5）處理墾務糾紛

查內地各省因荒地變遷或土劣壟斷，常致
墾民之間發生糾紛，纏訟不結，殊礙墾務

進行，數月以來受理墾民訴願案多起，均
經分別查明處斷。

（三）關於漁牧者

（1）督促各省籌設水產試驗場及漁業指導所

我國沿海水產素稱豐富，惟漁民墨守舊法，
以致漁撈、製造、養殖各事項在在落後，職
部為挽救漏卮，發展漁業起見，因特通令各
省農建廳從速籌設試驗場或指導所，業據呈
報開辦者計有江蘇省嵊山水產試驗場、廣
東中山縣水產試驗場，又現正籌辦者計有浙
江、山東、福建等省水產試驗場。

（2）籌設江浙區漁業委員會

財政部所轄之江浙漁業事務局辦理漁稅及
漁業保衛事宜，前奉國民政府明令停辦，
經由江、浙兩省政府派員會同財政部討論
改組辦法，當經議決關於漁稅事項由財政
部主管，漁業行政劃歸職部繼續辦理，職
部復會同江、浙兩省政府擬具委員會組織
章程及預算，呈請行政院核奪，擬即實行
改組。

（3）維護領海漁業

我國沿海水產繁殖，漁場優良，日本漁船
每於漁汛時期由巡艦率領駛入我國近海自
由採捕，迭據沿海漁民呼籲及官廳咨商，
均經職部核轉外交部嚴重交涉，一面再由

部於漁汛時期咨商海軍部派遣軍艦協助漁警巡緝海面，以妨漁權之損失，策漁業之安全。

（4）劃定海面漁業界限

漁業界限與領海界限有連帶關係，惟其範圍廣狹互有不同，查各國漁業界限多超出三海浬以上，我國漁業依向來習慣亦有航出三、四十浬外者，亟應明白劃定，以護漁業，職部現經一面請外交部分電各使領調查成例，一面會同海軍部籌議劃定領海界限，俾沿海漁業不致受人侵蝕，損失利權。

（5）提倡蜂業

自經職部提倡飼養外國蜜蜂以來，東南各省益形發達，除令蘇、浙、皖各省農建廳飭屬隨時保護外，並核發各處轉地放蜂護照，又核准浙江養蜂協會及華北養蜂協會等組織章程。

（6）檢查輸入外國蜂種

日、美兩國輸入我國之蜂群蜂種常常帶有幼蟲病害，致業蜂者屢受損失，前據濟農養蜂社呈請禁止該項蜜蜂進口，當經咨請財政部通令各海關，遇有輸運外國蜂種到關時，即通知農產物檢查所前往檢驗，嗣准咨復贊同，現已由農產物檢查所擬具檢驗辦法呈部核定，著手實行。

（7）整理國內各種畜場

職部直轄種畜場因經費未經財政部照撥，每月開支仍由職部設法維持，除督促各該場以所有外國種牛羊依照新式方法配種改良，並遵照部頒配種規則改良民間種畜外，又制訂種畜貸與規則，由種畜場將優良種畜無償貸與民間，以謀畜牧之改善。

（四）關於農民者

（1）擬具全國農業推廣計畫

農業推廣自職部倡導以來，頗著成效，惟全國農業推廣之實施計畫亟應制定，以資提倡而促進行，爰根據中華民國教育宗旨及其實施方案、三中全會通過之建設方針案及農業推廣規程擬具計畫草案，訂明全國農業推廣分為四期，限定二十年次第完成，並擬定詳細預算及籌款方法，已會同內政、教育兩部呈送中央政治會議及府院核定施行。

（2）督促中央模範農業推廣區工作之進行

該區自成立以來，其重要工作為發給棉種、稻種，介紹秋蠶種，組織青年植棉團、種麥團舉行棉作及麥作，示範指導棉、稻、麥種植方法之改良及棉、稻、麥病蟲害之防治，介紹新農具，成立馮村、司徒村、和陵鄉、印淳鄉等信用合作社，成立長慶

圩灌溉合作社，籌設消費合作社及墾荒合
作社，設立民眾茶園、民眾醫院、民眾夜
校，扶助設立殷巷鎮小學，舉行民眾同樂
大會，籌設模範新村及農產陳列室，舉行
農事及衛生演講並家庭訪問等事，現均略
著成效。

（3）督令各省推行農業推廣計畫

各省農業推廣亟關重要，自應由部隨時督
促以期計日成功，數月之間除將中央農業
推廣委員會決議各案咨行各省政府轉飭所
屬切實遵行外，復訂定省農業推廣委員會
組織綱要、農業專科以上學校農業推廣處
組織綱要、省農政主管機關農業推廣處組
織綱要、省農政主管機關農業推廣委員會
組織綱要四種，咨行各省，認真辦理，對
於各省擬送關於農業推廣各規程亦經隨時
審核，督促施行。

（4）設立農業推廣實驗區

為實驗農業推廣，樹立模範起見，擬陸續
擇定各省適當區域設立實驗區，現已擇定
安徽和縣烏江區域先行設立，其區域東南
至西北約二十二里，東北至西南約二十六
里，業經籌備就緒，實行推廣各事宜，其
他各省亦正分別調查，陸續推設。

（5）規畫合作運動

合作社之組織於農事進步、農村發達關係

甚切，職部關於合作運動近來積極設法提倡，其在進行中者為：

1. 籌辦京市合作運動宣傳週。
2. 督令各省舉行合作運動宣傳週。
3. 籌辦農村合作訓練所。
4. 資助中國合作社年會。

並經與內政部迭次開會討論，協商辦理。

（6）促進農民教育

農民識字為普及教育之初步，職部曾經擬定農民識字運動宣傳大綱、舉辦農民識字辦法綱要，並與教育部商定提倡農民識字辦法，通令各省切實推行，各省亦有擬定識字運動辦法呈部核定施行者，又農村師範於農民教育互為表裡，亦應積極促辦，業咨請教育部剋期創辦。

（7）發行農業刊物

職部農業刊物繼續發行者，現有兩種：

1. 為農業淺說，係為灌輸農民農業智識而設，本期以內刊行第十七號至第二十二號。
2. 為農業推廣季刊，則其目的在於農業推廣之研究與宣傳，現已刊行第一號、第二號。

（8）徵集農歌

推行國曆事關重要，惟農民拘於舊俗，以四時節氣不明，工作無從著手，而各省亦氣候

有別，農事異時，特令各省廳制定農歌呈
核，以便刊入曆書，俾農民明瞭節氣，利於
工作，本期內各省陸續送到者甚多，均已審
核備案。

（五）關於研究與調查者

（1）調查全國農業狀況

依照全國農業統計調查報告規則，製定區
農業調查表、區調查員須知、縣農業統計
表、縣統計員須知、省農業統計表、省統計
員須知，先後頒發各省農鑛、建設廳轉令
遵照查填呈部，現為期已屆，各省因軍事
阻梗，呈送來部者尚屬寥寥，擬即分別令
催，一俟材料送齊即行編制統計圖表。

（2）編製全國農產漁牧進出口統計圖表

根據各海關報告按月編製，現十八年度月
表暨全年度總表業已編製完竣，十九年度
月表已編至三月份，擬催各海關將四月份
以後報告速行填送來部，以便繼續編製。

（3）調查江浙蠶桑

江浙為我國蠶事發達之區，關於蠶桑之實
在狀況亟應詳細調查，以資參考，本年經派
員前往兩省各處實地調查，並將調查報告書
刊入農鑛公報。

（4）調查各省墾務

職部對於各省荒地及移墾情形擬分別派員

調查，以便規畫實施移墾，前經派視察員
方朝桓前往察、綏各處調查墾務，至為詳
悉，今歲浙省為調劑過剩人口，救濟失業貧
民計，舉辦移民遼寧，不無相當成績，復
派科員周清赴浙考察移民遼寧經過情形，
亦具有詳細報告，足資參考，又各種墾務
調查表早經製定頒行，各省已有陸續填報
者，其未填報各省亦經迭令催促填報。

（5）整理種煙區域土地氣候調查表

前會同禁煙委員會擬具種煙區域土地氣候
調查表呈送行政院頒發各省填報，嗣各省
先後將表填送來部，職部特會同禁煙委
員會繼續整理，以謀禁煙土地之改良。

（6）派員出席國際會議

國際飼養山羊大會本年八月間在比國昂維
斯開第二次大會，准外交部轉比使館函請
中國參預，經派駐歐農鑛調查員陳光熙前
往出席，又美國康奈爾大學本年九月舉行
世界經濟家會議，亦經本部派員參加。

## 三、林業行政事項

林業行政首在實行造林，故於中央模範林區之整
理、造林運動之舉行、黃河沿岸造林之規畫，最為注
重，而又以防治蟲害、取締燒山等事輔之。茲選擇其重
要工作分別列舉於左。

（一）關於林業提倡與整理者

  （1）舉行造林運動宣傳週

    職部為期造林常識於最短期間普及全國人民起見，經呈准於每年三月舉行造林運動宣傳週，在首都由農鑛部會同有關係各機關代表組織造林運動委員會舉行，在各省、市、縣則由省、市、縣政府負責辦理。本年造林運動在首都方面由職部函約內政、教育、鐵道、工商、衛生各部、建設委員會、市政府、市黨部、中央大學農學院、金陵大學農林科、中山陵園各機關代表一人或二人組織首都造林運動委員會，自三月十日起至十六日止一星期內，約請專家逐日在各大學及民眾教育館等處講演造林問題，映放造林電影，並組織宣傳隊在城廂內外宣傳關於造林事項，同時各省、市政府亦一體舉行。現查陸續呈報到部者有山東、吉林、熱河、浙江、江西、廣東、雲南、遼寧、貴州、安徽、江蘇等十餘省，正著手編製全國造林運動成績一覽表呈送備查。至關於首都造林運動辦理情形，已另編有報告書刊行。

  （2）舉行植樹典禮

    首都植樹典禮經職部督同首都造林運動委員會於總理逝世紀念日舉行，植樹地點在總理墓前東首小山，占地五十六畝，分為

十四區，由參加人員分別植樹，是日參加者數萬人，共計植樹一萬三千四百餘株。

（3）修訂造林運動宣傳綱要

造林運動首重宣傳，中央前次頒發造林運動宣傳綱要，體制甚佳，惟關於造林之宣傳材料尚有未備，職部前往中央宣傳部函請，將全書修正，共分為：

1. 造林運動之意義，
2. 造林之利益，
3. 造林之常識，
4. 造林運動之宣傳，
5. 造林運動政府應有之設施，

等五章，送請中央宣傳部頒行。

（4）維持官私有林場

提倡林業端賴保護周詳，本年據浙江雲野、興墅兩林業公司代表周清、方悌，安徽倡導造林場之吳光漢等先後呈稱，頻年所造森林多遭摧損，請予保護等情到部，業經准予分別咨令浙江省政府、安徽建設廳轉飭所屬妥為保護，以重林政。又鐵嫩及松江兩林業公司官商合辦之森林事業，現因歷年經營不善，虧折甚鉅，又以林區界限不清，致生糾葛，現正與兩公司所屬之省政府磋商整理辦法，並設法劃清區界，藉資發展。

（5）設法防治松毛蟲

　　松毛蟲殘賊林木為害至烈，亟應隨時設法
　　防除以免滋蔓，前聞本京附近林場已有發
　　現該種害蟲情事，即經令行中央模範林區
　　管理局及各省廳嚴行撲滅，並加意防範，
　　以重林政。

（6）通令各省切實取締燒山

　　我國燒山習慣由來已久，繁密森林輒遭焚
　　燬，若不積極嚴禁，必致妨礙林業進行，
　　職部特通令各省農建廳務須斟酌地方情形
　　預籌取締辦法，俾護森林而祛惡習。

（7）提倡燒煎樟腦

　　樟腦係主要林產物之一，亦為藥用及工業
　　原料所必需，我國閩、贛、川、浙等省向為
　　產腦之區，惟製造不善，以致日就衰落，
　　不能與舶來品競爭，亟宜提倡保護樟林，
　　並獎勵製造事業，以挽利權。職部除一面
　　積極草訂獎勵保護條例外，暫准人民自由
　　燒煎，並咨行浙省政府妥為保護，以資提
　　倡而挽利權。

（二）關於林業建設與計畫者

（1）督令中央模範林區整理並推廣業務

　　中央模範林區經由職部與建設委員會會同
　　創設，從前係組織委員會管理其事，近將
　　該委員會改組為管理局，一切事務均切實

加以整理。本期以內所辦各事項可資紀錄
者為：

1. 擬具施業方針及各林場施業方案呈部核定
   施行，其進行計畫擬分為三期，第一期
   注重調查整理，第二期注重實行推廣，
   第三期注重擴充改進。

2. 推廣模範林區，如湯水鎮一帶荒山甚多，
   已呈明行政院按照章程所定代營辦法，由
   管理局實行造林。

   又南京市政府所轄荒山有從速造林之必要，
   已由部會會同管理局與市政府合作造林，
   至該林區所屬各林場苗圃亦經督令積極整
   理，俾謀改進。

（2）規畫黃河流域沿河造林計畫

   此案前據河南建設廳擬呈由院交部核議，
   職部以黃河隄岸長約九千餘里，自應沿岸
   造林以資保障，特將原案詳加討論，加以
   修改，規定黃河沿岸造林作為一種特辦事
   業，由沿河七省負責舉辦，其經費由七省
   籌撥，凡一縣經過之地，每年至少種樹二
   百萬株，限五年內種齊，並籌設林警專司
   保護，此項計畫業經呈准通行沿河各省切
   實施行。

（3）釐訂隄防造林及限制傾斜地墾殖辦法

   全國河川堤岸久失修治，亟宜植樹固堤以
   資救濟，至傾斜地之墾殖關係水利，亦應

加以限制，經部會同內政部、建設委員會擬訂辦法十條呈院審核，後尚有應行修改之處，復會同修改呈復。

（4）籌設林產研究室

林產研究室關係造林及木材工業，至為重要，自宜從速籌設，已由部擬定詳細計畫及預算案，俟呈准後即行創設。

（5）核定各省造林計畫大綱

造林計畫早經通令，分別擬定以利推行，現據先後呈報者有江西等十四省，均經部審核督令施行，其餘未送各省現仍分別嚴催。

（6）施行林業行政系統

職部劃一為各省林業行政系統起見，本年五月特將林政會議決定之林業行政系統表略加修正，呈准通令各省遵照施行。現查先後呈報到部者有江蘇、湖北、江西、湖南、廣東、河北、貴州、熱河、山東、安徽、吉林、福建、四川、遼寧、浙江等十餘省，其未呈報各省擬即分別咨催，切實查照辦理，以重林政。

（三）關於林業之調查與統計者

（1）彙集並整理林業及林產物調查報告

各省林業調查報告，三月以後送到者有遼寧、熱河、安徽、雲南、貴州五省，合計從前送到省分共有十三省，其餘未送各省

仍在定限嚴催。至各項統計表現均在編制中。又以樟腦為吾國特種林產物之一，年來因製造不善，漸就衰落，特製定樟腦產額及消耗量調查表式，咨請出產各省照式填送，以便通籌維持及改良辦法。此外關於各省市植樹典禮及造林運動宣傳週成績，亦經部製定調查表通令填送，現經陸續送到，正從事整理編訂。

（2）視察各林場

中央模範林區自成立以來，已將江寧縣轄之牛首山、句容縣之小九華山、六合之龍王山等闢為模範林場，並在南湯山一帶圈購民地數十畝，設置苗圃，開辦林場，又在黃栗墅開闢推廣苗圃一處，在湯王廟及下蜀與人民協辦合作苗圃兩處。職部為實地調查，以便監督指導起見，曾派員分赴各林場實地視察以資考核。又江、浙兩省林業較為整理，並由省廳及各縣陸續設立林場，積極造林，職部曾於本期內派員分往各林場詳加調查，均有報告由部編印。

（3）徵集木材標本及其他林產

各種林產及木材標本之徵集，早經職部通行各省及駐外使館協助，近來各省政府及京、滬木商業將主要林木標本陸續彙送，日本、德國、印度、菲列濱各處使領亦將外國木材標本先後送到，目前正在審查整理以便

編列科學名目，編造統計，於最短期間成立
林產研究室分別陳列，以資研究。

（4）編印森林叢刊

職部森林叢刊係為普及林業智識而設，自本
年創辦後現已出版至第八號，均經分送各
地林業有關之機關及各團體。

## 四、鑛業行政事項

鑛業行政應一面擴充國營鑛業，一面促進私營鑛
業，而其入手之始，在國營鑛業惟注重整理現有之鑛
場，探覓可開之鑛產，在私營礦業惟注重清理鑛案，監
察工程。茲將數月來關於鑛政之工作分述於左。

（一）關於鑛業建設者

（1）規畫國營鑛業

關於熱河灤平、安徽繁昌、湖北陽新、江
蘇銅山各處鐵鑛，及河北遵化、豐潤各屬
煤鑛，均經派員劃定鑛區，設定國營礦業
權，一俟籌得經費即可實行探採，並咨商
鐵道部整理平綏路局所辦煤鑛。

（2）籌商採金計畫

救濟金慌自以開採金鑛、鑄造金幣為根本要
圖，前經職部擬具第一期採金計畫呈請核
奪，嗣經奉令迭與財政部磋商實施辦法，
擬俟籌議就緒即行設局開採。

（3）整理官商合辦鑛業

烈山煤礦現已遵照三全會議議決案發還，非逆產之商股改為官商合辦，前經組織董事會，其董事分別由部派定及商股股東推舉，現正擬定具體辦法切實加以整理。又益華鐵鑛於清查逆股後，亦改為官商合辦，派定官股董事三人、商股董事二人，正在組織董事會。

（4）核准私人鑛業

本期以內人民呈請鑛業權，業經核准給照者凡一百三十餘件，其因手續不備令飭更正者亦有數十件，至於久不開工及積欠稅款各鑛，均經依法撤銷鑛權，以便他人呈請領辦。

（5）整理外資鑛業

開平、灤州各煤鑛係中英合資辦理，積年以來該鑛多不遵照現行法令，除派員監察工程外，並經設立專會從事整理，以期挽回利權或促其就範。又魯大公司所辦淄川、坊子各煤鑛及金嶺鎮鐵鑛，原係中日合資，其主權多係操之日人，現已設立整理魯大公司委員會，正商請山東省政府派員會同整理。

（二）關於鑛業清結者

    （1）解決臨城鑛案

        臨城煤礦年來河北省政府與商股股東因股本關係及管理方法發生糾葛，經部召集兩方代表討論解決方法，迄未得圓滿結果，近復由商股方面呈部請予接收整理，現正在籌畫進行中。

    （2）結束其他積案

        軍興之後各省鑛政尚未統一，鑛法尚未施行，以致鑛業糾紛接踵而起，迭經依例解決，俾循正軌，以去鑛業上之障礙。

    （3）清查逆股

        烈山、中興等煤礦，龍煙、益華等煤鑛，均經依例清查，除逆股外，其餘商股仍予保護維持。

    （4）整理稅收

        關於積欠鑛稅各鑛，迭經令飭各廳查明其欠繳之原因及欠繳之期數，以便依例處理，其積欠稅款甚鉅確無辦鑛能力者，並經依例撤銷鑛權，以資整理。

（三）關於鑛業監督提倡者

    （1）限制外商收售鑛砂

        特種鑛產如鐵、鎢、錳、銻等關係國防與工業，關於開採運銷自應特別監督以維國業，依鑛業法第九條之規定，此項鑛砂運

　　　　銷外國應先經主管部核准，職部曾經根據
　　　　本條通令各省廳切實遵行。

　　（2）提倡銷用國煤
　　　　近日國內所用之煤多係自外國輸入，損害
　　　　利源，妨害鑛業，莫此為甚，職部遵照院
　　　　令通令各省極力提倡國煤。

　　（3）督令鑛廠推廣合作
　　　　消費合作社亟應提倡，以維民生，鑛廠工
　　　　人甚多，尤宜設法提倡合作，經部訓令各
　　　　省廳轉飭各大鑛廠籌設消費合作社，現已
　　　　有遵令實行者。


（四）關於鑛業教育者

　　（1）派員赴鑛練習
　　　　於本年九月間經職部考選鑛科專門畢業生
　　　　多名，分派在開灤、魯大各鑛練習，俾國
　　　　內鑛業實際人才日以推廣。

　　（2）推廣鑛工教育
　　　　鑛工與鑛工子弟因資力缺乏不能受相當之
　　　　教育，影響社會非淺，經訓令各省廳轉
　　　　飭各鑛廠籌設鑛工補習學校及鑛工子弟學
　　　　校，漸有遵令設立者。


（五）關於鑛業研究調查者

　　（1）設立燃料研究室
　　　　近世機器工作日就推廣，所須燃料因以增

多，東西各國對於燃料一項多生缺乏之感
想，遂有精深之研究，職部特於地質調查
所內設立此項研究室，業經核定研究室房
屋工程計畫，現已開工，其一切設備亦於
近期內可期完成。

（2）徵集鑛業標本

此項標本分探鑛、採鑛、選礦、煉礦各種，
各省現已從事採集，漸次寄送到部，分別陳
列，藉觀各礦冶業之成績及鑛產物之品質。

（3）徵集與鑛業有關之發明品

我國近來對於工業製造及機件亦間有發明
或改良之處，並於鑛業工程每有關係，一
俟徵集到後，擇其完善者代為推行，以資
獎勵。

（4）調查各省煤鑛業

河北之開灤及雞鳴山、吉林之火石嶺子及頭
道溝各煤鑛，均經派員實地調查具有報告。

（5）調查廣東鎢鑛業

我國鎢鑛產地以江西為最，廣東次之，惟
江西鎢砂近年多由廣東出口，故就鎢鑛業
貿易言，實又集中於粵，業經派員查明具
報，並擬有統一外運辦法意見書。

（6）調查英國煤鑛業

近年以來英國工潮每發生於煤鑛，而煤鑛
一項又實為英國礦業之重心，故於礦業、礦
工各方面均有派員調查，藉資考鏡之必要，

凡英國對於煤礦業之設施及現狀，已經由駐
歐調查員詳加調查，有報告送部備查。

（7）編制金銀產銷統計表

近以金貴銀賤，正在籌議改用金本位，關
於國內外金銀產銷場及時價變遷之統計，
自應調查明確以備參考而資規劃，職部經
編製此項統計表呈送行政院備查。

（六）關於地質調查者

（1）調查首都潛水地質

首都在自來水設備未成立以前，鑿井汲泉最
關重要，前此各地鑿井多遭失敗者，皆由不
明地下水源之故，職部特派地質專員調查首
都各地潛水來源，以供鑿井參考，現已有簡
略報告，舉凡前此之失敗及後此之希望，皆
有所證明。

（2）調查各省地質

計派譚錫疇等調查四川及西康，楊鍾健等
調查外蒙古及察哈爾，王恒升等調查遼寧
及吉林，黃汲清等調查貴州，各處現仍在
分途進行中。

（3）完成地震研究室

此項研究室之建築已於本年七月告成，並
由外國購來地震儀，一切設備漸已就緒。

## 五、其他重要事項

凡部內事務於農、林、鑛三政均有關係，或不屬於農、林、鑛三政而於部務為重要者，均併入本項，分別行政計畫與行政設施兩款，擇要敘述於左。

（一）關於行政計畫者

    （1）擬具農林鑛事務之具體方案

        第三屆執行委員會第三次全體會議通過之建設方針，第二項至第五項與農業有關，第六項至第八項與鑛業有關，關係均甚重要，經行政院令部會遵照此項方針擬具具體方案，職部曾召集主管員司詳加討論，已分別擬定方案，擬即呈院核定。

    （2）擬具救濟國民失業意見書

        國民失業為方今最要之問題，亟應設法救濟，職部前奉院令關於救濟方法詳加籌議，經遵擬意見書，對於開發農鑛事業及救濟農民失業規劃尤為詳細，業已呈院審核。

    （3）撰擬論文送登外報

        比國博覽會開會期內，蒲萊丁日報發行中國經濟專刊，特函請我國主管各部各就職掌範圍撰擬論文刊登，以廣宣傳，職部特草擬中國富源之研究及中國鑛產論兩文，譯成法文送登該報。

（二）關於行政設施者

（1）舉行農林鑛技師登記

技師登記法規定技師登記由各主管部辦理，職部因依法組織技師審查委員會，派定部員兼充委員，分農、林、鑛三組審查技師資格，現今呈請登記由部核准給予登記證者已有四十餘人，其從前業經登記之技師，則限期六個月換發登記證，近以呈請換發者紛至踏來，遂復呈准展期六個月。

（2）籌商組織中央統計聯合會

統計事項至為繁頤，向由各院部會各就主管事務分別調查編製，惟其中應行聯絡及互助之處甚多，亟宜設置聯合機關藉謀合作，前經立法院統計處發起會同有關係之部會組織中央統計聯合委員會，經職部派定人員迭次出席討論，已擬有具體辦法，擬即著手施行。

（3）派員出席各種會議

全國教育會議、蒙古會議於本年先後舉行，職部均經派遣代表出席並擬有提案提出討論，又中央宣傳部關於推行國曆曾函請各機關派員參加，職部亦有人出席，並提出國曆推行與農業關係各項材料及辦法。

（4）招待德國來華實業考察團

德國各實業家組織考察團於本年五、六月間來華考察，職部經派員與工商、交通、鐵道

各部人員分任招待，並隨同該考察團前赴各
省鑛廠、農場參觀。

（5）繪製全國農林礦產物比較圖

全國農、林、礦產物分布情形，除編製統計
以資比較外，尤宜繪製地圖藉期明顯而便
參考，職部經督令技術人員根據各種調查統
計繪製此項比較地圖，並以立法院所用統計
適用暗射地圖為根據。

（6）核辦公務員甄別審查表

依公務員甄別審查條例之規定，各機關現任
公務員須填具審查表送請銓敘部審查，合格
者給以證書，職部各職員業經陸續填齊，由
部出具考語送達銓敘部，並經審查核准，至
各附屬機關職員現尚在陸續填送中。


　　農、林、鑛三者均屬於原始生產事業，為工商發展
之初基，人民生活之所托。吾國經濟落後、社會彫殘，
自當銳意經營，力謀三者之改進。其所應施行之事經緯
萬端，本報告書所列各項尚未盡其百一，即以數月之短
時間計，亦因環境關係，凡所圖維多難實現，所獲成績
自遠不如其所預期。現在大難既平，政令統一，行政經
費當可寬籌，人民投資亦較為踴躍，自應兼程並進以從
事於建設。至建設之方針，依總理實業計畫及中央迭次
決議規定綦詳，其關於農政者應注重荒地之開拓、農業
生產之增加、農民生活之改進，務使天然富力能盡量利
用，而耕者皆有其田。其關於林政者，應亟謀荒山之造

林、濫伐之禁止、保安林之設置、國有林之擴充，務使
用材不致缺乏，而無形效用亦可兼收。其關於鑛政者，
應以國營鑛業與私營鑛業兼籌並顧為有秩序之開採，而
金與煤、鐵、石油數者尤宜急圖開發，以資實用而利民
生。此則其方針之大略，職部所努力以求其實現者也。
惟關於此項方針之詳細方案條目至繁，自當斟酌先後，
分年演進。職部所擬之訓政工作分配年表，關於訓政時
期六年內之規劃，均經分年臚列，其第一年應辦各事項
並經次第見諸實施。至最近之將來所擬切實進行者，除
繼續從前各種設施加以整理擴充外，在於農政方面擬致
力於：

（1）籌設中央昆蟲局並督促各地方推設昆蟲局。

（2）籌設中央農事試驗場。

（3）整理部轄之茶業試驗場。

（4）提倡改良棉作。

（5）提倡自製人造肥料。

（6）籌設中央移墾局並於東北、西北各墾區實行移墾
　　　之初步辦法。

（7）籌設中央模範水產試驗場。

（8）創設農村合作訓練學校。

（9）督促農民設立合作社。

（10）督促各省縣設立農民銀行。

（11）籌備農產物展覽會。

在於林政方面擬致力於：

（1）創設中央林產陳列館。

（2）整理東三省國有林並籌設第一國有林區林務局。

（3）督促黃河沿岸各省速造堤岸林及水源林。

（4）督飭各省設立林務局調查登記及測量官私有山林。

（5）於首都附近荒山從速造林。

在於鑛政方面擬致力於：

（1）設立探鑛機關分別探覓國內鑛產。

（2）恢復停辦各鋼鐵廠並加整理。

（3）於地質調查所籌設土壤研究室，研究全國土壤分
　　　布情形。

（4）實行鑛業監察制度，促進各鑛廠工程設備。

　　凡此諸端多係訓政時期工作分配年表第二年之工
作，均經職部詳細籌商擬有計畫，一俟分別呈准並籌有
相當經費，即當趕期進行，伏望中央力予主持，俾得有
所秉承，計日而程功效，庶中國就衰之產業因以復振，
三民主義之貫澈亦可由斯而漸進焉。

# 工商部

　　遵奉總理遺教，實現實業計劃，以發展國民經濟，本部依法規定負有一部分應盡之職責，故自三全代表大會後本部遵中央之命經已擬定訓政時期工作分配年表呈送審核，當即循序進行，併力以圖。現按本年三月三屆三中全會閉會迄今，凡八閱月，雖值中央戡亂時期，軍事範圍延及數省，其影響於政治者不為不巨。然本部仍本努力建設之旨，默察國內外工商業實況，別其緩急，斟酌張弛，綜計此期間之工作可得而述者，舉其概況分條報告如次。

## 一、編訂法規

　　本部對於工商法規致力獨早，成效亦略有可見。自本年三月迄今，計繼續呈奉公布者有票據法施行法、勞資爭議處理法等七種，呈請轉送立法院審議者有工廠法施行條例等三種，會同關係部擬訂公布者有勞工衛生委員會規程等二種，未公布者有儲蓄法等三種，以部令公布者有修正商會法及工商同業公會法施行細則等二十種，現擬續編及審議者有工廠登記規則、礦工待遇條例等十餘種。

## 二、設立中央工業試驗所及各分所

　　本部為改良工業，前已將該所化學部份提前開辦，至本年七月復增設機械部，均已接受試驗。其選定試驗工作，計化學部有無毒燐、火柴、醬油、酒精、絲用肥

皂、硬質陶器、玻璃用具、搪瓷等之改良製造，機械部設有機工場，八月間已正式開工，其出品有省煤火爐、夾水火爐、風車、改良載重車及機器零件等，將來化學部即由上述試驗進而舉辦各種關係工場，而機工場亦即增製各種改良普通用具及機械，並為推廣起見，擬將上海、漢口商品檢驗局之化驗處先擴充成立分所，再就各省市重要工商業區域籌設分所，以謀工業發展。

### 三、推行度量衡新制

（一）各省市自三月至今，依據全國度量衡劃一程序擬定劃一程序，送部核准備案者有蘇、浙、皖、閩、贛、粵、滇、黔、湘、鄂、豫、魯、遼寧、熱河等省，上海、天津、廣州、青島等市，至各省市已設度量衡檢定所，其規則經核定備案者已有數起。

（二）度量衡標準器標本器之頒發，自三月以來中經軍事發生，北平度量衡製造所被接收後稍形停頓，嗣設立首都第二製造廠趕製標本各器，以便發逮，最近北平製造所收回，仍照舊進行。

（三）自三月間設立度量衡檢定人員養成所，咨經各省市府照章考選高、初兩級學員入所訓練，已於七月間第一養成期期滿畢業，經咨回原省市任用之兩級學員計五十二人，現第二期學員六十七人約十一月畢業，正在訓練中。

（四）全國各機關公用度量衡應於本年底一律完成劃一，業經呈准在案，現為期已迫，當即咨催如

期實現，以昭大信。又全國度量衡會議與全國度
量衡局，一為籌劃全國推行事務最高會議，一為
特設主管機關，現均分別籌劃，請撥經費，指定
地址剋期成立，用利進行。

## 四、籌設基本工業

發行興業公債自確定後，尚以擔保基金未經財部指
定，致該項公債難即發行，基本工業亦不能開辦。現擬
暫先從民營基本工業已具規模之永利製鹼公司核准加入
官股二百萬元，並令依法先發行同數之公司債替代官股
所有原料及出品稅免稅、運費減免等項，均經與各主管
部大致商妥。

## 五、工業獎勵

（一）依照特種工業獎勵法及附屬法規之規定，業於
四月十五日由本部召集財政、鐵道、交通等部
及建設委員會派員組織成立獎勵工業審查委員
會，迭經開會多次，審查特種工業之請減免運
費、材料稅及出品稅等案件計二十四件。
（二）獎勵工業品暫行條例在四月二十八日廢止以前，
審查合格未及給照各案自三月迄今，計依法發給
專利執照八件、褒章褒狀二十九件。

## 六、發展國際貿易

商品檢驗為增進國際貿易要政，本部自籌設滬、
漢、青、津各商檢局後，繼續檢驗棉花、牲畜正副產

品、毛革、油類各出口重要商品。本年三月一日上海實
施生絲公量檢驗並收回美國在滬所辦之生絲檢查所，青
島亦繼續收回日人所設出口牛疫檢查所之防疫注射權，
九月復召集各專門人員開商品檢驗標準會議決定各項商
品檢驗標準，並增設廣州檢驗局及籌設梧州、萬縣、岳
州等分處，現除已派有駐德商務專員外，擬添派其他重
要通商國之駐外商務專員。至國內各地亦擬設置出口貿
易專任委員及特約委員，於各大商埠專司商務調查，發
展通信諮詢等事項，俾對外貿易機關組織完密。

## 七、救濟金融

金貴銀賤風潮起後，本部初擬根本辦法，次擬廢
除苛捐雜稅、整理幣制、便利運輸三種方案，嗣復提議
禁止外銀進口，業奉中政會議決議禁止金出口與大宗銀
進口，並經國府議決施行。本年六月復遵令調查世界金
銀存量與產銷比較列表九種呈報在案，當以金融仍不安
定，因再提出提倡國貨、促進出產、創設國際匯兌銀行
等救濟意見，呈候討論決定。

## 八、召集工商會議

本部訓政年表規定此項會議當於第三年舉行，近
以實業凋敝，金潮起伏，國民失業諸問題踵起，因決定
提前召集並擬具規程呈奉院議決議在案。現各項出席人
員報到已逾半數，正由祕書處積極籌備，定於十一月一
日至八日在本京開會。

## 九、舉辦國產絲綢及棉織品展覽會

　　國產絲綢展覽會前由首都國貨陳列館籌辦，已於五月十日至六月十日開會一個月，在會期內並經召集絲業專家暨各廠商組織研究及審查委員會研究改良方法，審查出品分等給獎。現棉織品展覽會仍由該館籌備，定於十一月一日為開幕之期，徵集出品各事亦已就緒。

## 十、籌備國民製糖公司復業

　　該公司前經整理處決定免稅試煉精糖一萬噸，以為招股復業過程，本年四月因所煉精糖推銷已罄，復業問題亟待解決，經將整理處撤銷，另聘陳輝德為籌備復業主任，現已將復業步驟詳細規劃，分別進行。

## 十一、解決商運糾紛並督促各商會及工商同業公會之改組

　　數年來各地商運糾紛及店主與店員間之爭執，自本部此次遵令修正商會法及工商同業公會法於七月二十五日公布施行後，使店員份子有充任會員代表之機會，從此化除畛域，始可合力以圖工商業之發展。又按商會法第四十二條及工商同業公會法第十五條之規定，商會、公會均應於本法施行後一年內依法改組，迭經令催並責成各主管官廳切實指導，計各縣市商公會依法改組完竣報部者已及三分一以上，現仍積極整理，務期全國各商公會組織健全迅告完成。

## 十二、參加比國博覽會

本年五月比國政府在利業時舉行獨立百週紀念博覽會，我國政府允參加後，即先期派定褚民誼為政府代表、劉錫昌為副代表，指撥的款，廣徵出品，準期前往與會。嗣接褚代表迭次電告，我國出品極邀比王與其國人之贊美，並得工藝品、教育品、美術品最優獎金、銀牌各數十枚。

## 十三、派員出席第二次世界動力會議

本年六月世界動力協會在柏林開第二次世界動力會議，本部動力分會先期選定朱戀澄、王繩善、吳克愚三員為我國出席代表，於四月中旬遄赴柏林。所有應提論文均按期辦理完善。

## 十四、舉辦工人生活及工業生產之調查統計

本部遵奉三屆二中全會改善工人生活、改良工作制度之決議，擬具全國工人生活及工業生產調查統計計劃七項呈准備案，即如期印製表冊，選派調查員，指導調查方法，先就無錫工業區實驗調查後，其邊遠及交通不便地方，除令各該地方政府負責辦理外，所有江、浙、兩湖、粵、桂、閩、魯、東三省各工業區共三十三處，均經派員實地調查，業於八月內一律調查蕆事，現已根據報告編成統計，正在整理付印中。

## 十五、國際勞工

（一）第十四次國際勞工大會於本年六月在歐開會，本

部仍本既往參加主旨，先期組織完全代表團前往
出席，嗣據該代表等報告本屆大會重要議案：
（甲）強迫勞動問題。
（乙）職店員工作時間問題。
（丙）煤礦工人工時問題。
除（甲）（乙）經討論通過外，各方對（丙）爭
執未有結果。
（二）我國批准最低工資公約後，即依照已定原則製
成表式分行各省市政府詳查報部，以期周知國
內工業工資狀況及各地生活程度，藉便設計規
定何項工業及工業之何部分適用此項辦法。

## 十六、勞工福利

（一）本部為調查：
（甲）工人工作時間工資數目。
（乙）勞資爭議情形。
（丙）勞工教育。
特製發產業、職業兩種工人工時工資勞資爭議
及勞工教育等表，由各省市政府飭屬填報，以
資改善，茲就已填報者彙編統計，其未報者當
再分別咨令催送。
（二）本部為謀勞工衛生之設施，經會同衛生部合組
勞工衛生委員會，決定先以無錫為勞工衛生實
驗區，派員在該縣設立辦事處，並舉辦勞工衛
生促進會及診療所二處，以為籌設勞工醫院之
基礎。

（三）遵擬失業職工介紹及失業保險方案與救濟垂敗
　　　實業辦法併案呈奉，院令已呈由國府轉送中央
　　　執委會核交上海市府試辦。

## 十七、督促各地工會改組

　　各地工會應依法從新立案與合併之期限，本部已
呈准依照人民團體改組辦法一律展期三個月，並經分
行各省市政府轉飭遵照，屆期當即積極督促進行，以
重法令。

　　上述犖犖大端凡十七條，悉隸本部職掌工商勞工
行政範圍。至關於奉令交辦重要事項與方在進行中之計
劃，亦俱各從其類分條簡敘，以求明晰。他若主管應辦
事務，雖成效已著，而事屬例行或其事甚關重要而進行
猶未收宏效，前者如公司商號註冊、會計師技師登記與
國貨證明徵集工業原料之類，後者如工業救濟與改良暨
開闢三門灣港埠之類，均以篇幅所限，未經敘列。惟本
部深維責任攸繫，值茲軍事底定，中樞鞏固，三屆四中
全會開會之際，上秉總理遺訓，亟當以發展經濟為刷新
政治一大方針。伏讀本屆國慶日蔣主席發布蒸電，亦諄
諄以此為詔誡。是以本部在最近期內所昕夕以求實現
者，對內則冀本部前已呈准發行興業公債之迅見施行，
俾最低限度基本工業之棉織、毛織、製酸、製碱及製糖
五項工廠得慶成立，對外則將國際貿易各項方案於決定
後次第推行以發展國際貿易，此又本部進行計劃中之主
要計劃。敬為揭櫫。幸垂鑒焉。

# 教育部

　　本部遵照三屆二中全會之決議，為謀全國教育整個之發展，曾根據本黨政綱及歷屆代表大會、中央全會、中央常務會議等關於教育之決議案，編製改進全國教育方案送呈中央政治會議核定。於本年四月間召集全國教育會議通過改進全國教育方案十章，已呈送中央政治會議鑒核。其奉行二中全會、三中全會交辦之案，有籌辦中央教育館案、製定屬行國民義務教育及成年補習教育之計劃及規程與實施程序案、在本部特設專管蒙藏教育之司科案、獎勵發明廣設科學研究館辦法案諸案，或在改進全國教育方案內製定實施程序，或已籌辦成立正在繼續進行之中。本部在此期間內，所經辦事務之重要意義：

（一）為積極整頓學校教育，自小學、中學以至於大學，莫不注意於其內容之課程與設備，頒發中小學課程標準，於各校實際試驗，編製大學專科之課程標準、設備標準，而又嚴格取締私立大學，整頓國立大學。

（二）為積極推廣社會教育，於民眾識字之方法與實質均刻期訂定計劃編製，並慎選各種民眾讀物，以及講演閱覽之擴充與設立，莫不盡力督促各地方進行。

其他海外華僑教育與邊遠蒙藏教育亦並積極設計，使之進展。茲分列事項條舉其進行經過大略敘述於左。

## 一、關於大學及專科教育事項

　　本部對於大學及專科學校，繼續兩年來所定方針，暫從質量方面力求改進，不遽圖數量上之擴充，以整理現有學校為第一步，以充實內容提高程度為第二步。茲將最近七閱月來工作略陳如左。

### （一）整頓公私立大學及專科學校

　　本部為整頓公私立大學及專科學校起見，曾迭次派員視察國立勞動、浙江、交通、暨南、同濟各大學及私立大學或學院，視察結果，國立大學中以勞動大學辦理未盡完善，令停止招生，現正籌議改進辦法。私立大學及專科學校中，認為合格而核准立案者計有嶺南大學、中國公學、北平協和醫學院、上海法政學院、南通學院及武昌圖書館學專科學校與藝術專科學校。

### （二）舉行私立專科以上學校學生甄別試驗

　　按照大學規程，未立案私校學生不得投考或轉學於公立及已立案私立學校，本部為救濟是項不得升學學生起見，由部組織委員會舉行上海市內未立案及已停閉之私立專科以上學校畢業生肄業生甄別試驗，其及格者當經填發證明書，並分令各大學及專科學校收考。

### （三）組織大學課程及設備標準起草委員會

　　本部為編訂大學課程及設備標準組織委員會，網羅全國專家從事起草工作，現正編製全國各大學現行課程一覽及外國著名大學課程一覽以供參考。

## 二、關於學術研究事項

本部對於學術研究向主從基本工作著手，一面使各大學擴充圖書設備，逐漸增設研究所，一面獎勵獨立學術研究機關之創設，以資提倡，前次三中全會議決請優獎發明、廣設科學研究館一案，業由中央令交本部酌辦，茲已進行者有下列二項。

### （一）擬訂獎勵發明辦法

除關於工業上者，在特殊工業獎勵法中已有規定外，其關於學術上者，在本部改進教育方案中關於學術研究實習獎金及補助金辦法，已由本部規定各項基金，呈請中央核辦。

### （二）推廣科學研究機關

曾令國立各大學酌設研究機關，國立中山、清華、北京三大學已設研究院或研究所，其他各校亦正由本部擬具計劃令飭增設，以應需要。此外本部為提倡科學起見，訂有科學諮詢處辦法通令施行。

## 三、關於國外留學事項

本部對於國外留學極為慎重，除修訂發給留學證書規程，嚴定自費留學生必須高中以上畢業資格以提高程度外，並嚴格審查各省選派公費生資格，調查現在各國留學生狀況，並擬定歸國留學生登記介紹等計劃。茲將最近數月內重要事項兩則略述如下。

## （一）分省選派留學生

因中央派遣留學辦法尚未規定，部費留學生未能選派，至省費留學生計有浙江、安徽、湖北、福建、廣東、黑龍江、河北等省選派六十餘名，分往歐美日本諸國，所習學科均依照本部規定，注重應用科學，以應國家需要。

## （二）停補留日庚款補助費生名額

此項名額係根據前北京政府時代與日本政府訂立之日本對華文化事業協定及換文而設，日本藉此施行文化侵略，流弊滋多，除會同外交部擬具方案與日本正式交涉廢止協定及換文外，並令駐日留學生監督處遇有補助費生缺額，暫停序補，以示決心。

## 四、關於整頓私立中等學校事項

中等學校之質的改進，應先於量的擴充，為本部年來施政方針之一，蓋所以謀大學根基之堅實，社會中堅分子之健全，而教育效率之宏大，其意義至為積極。近半年來各省教育廳局呈送私立中等學校備案者，本部於其經費、編制、員生、課程、管訓諸大端審核至為精詳，指示改善常至公文往返數四，又慮私校之憚於立案，稽延觀望，復以明令規定首都各級私立學校限於十九年暑假以前一律立案，其在各地之私校則由各省市教育行政機關酌量分別規定立案期限，但至遲以民國二十年暑假為限，逾限不立案者分別令飭停止招生或勒令停閉。至在邊遠災荒及軍事區域之私立學校，如

有窒礙情形，得由省市教育行政機關量為展緩，呈部核奪。

## 五、關於注重中學科學教育事項

　　科學教育不良為中學教育上最大缺陷，本部現擬亟加捄正，其方法有二：一則規定中學之設備標準，予科學設備以重要地位，二則規定中學經常費支配標準，減縮行政消耗費，規定若干數額為科學設備。現正調查較完善之公私立之設備狀況為製定設備標準之參考，又製發中學經常費支配現狀問卷，備釐訂經常費支配標準。

## 六、關於改進師範教育事項

　　師範教育地位之被忽視及制度之紛歧，乃所謂新學制施行以來之不良現象。本部近於改進全國教育方案中，已有全部師範教育制度之釐訂，至各地師範學校編制年限課程上種種不合處，本部均隨時詳為指示改進，半年來已將高中師範科課程標準草案修正完畢，即將頒行並著手訂定鄉村師範課程標準，對於師範生之訓練亦正著手嚴定辦法。

## 七、關於整頓職業教育事項

　　職業教育應占中等教育之大部分，以適應社會之需要。本部於改進全國教育方案中，計畫中等學校之擴充即限制普通中學之設置，規定職業學校辦法，一面於各地職業學校請求增加修業年限者皆量為核准，並指示

改進內容。

## 八、關於編訂中小學課程標準事項

中小學課程標準已印行者，為幼稚園、小學、初級中學、高級中學普通科四種，本定十八年八月起至本年七月為試驗期，但截至本年七月止，各省市呈報試驗結果者尚屬寥寥，而請延長試驗期限者紛至，故即通令展長試驗期限一年，其未頒行者如高中師範科、商科兩種課程暫行標準已整理完竣，陸續付印，餘則尚在起草或整理中。

## 九、關於中小學訓育事項

訓育標準一時不易編訂就緒，為集思廣益起見，製發問卷五千份徵求實地教育者及專家並黨務人員之意見，以便統計結果，編製大綱。

## 十、關於中小學統計表冊事項

中小學現用表冊極不一律，為編製中小學通用表冊樣本起見，已通令全國中小學將現用表冊送部，以備參考。

## 十一、關於華僑教育事項

華僑教育關係我國海外僑民之榮枯，本黨主義之宣傳，至為重要，是用積極進行，現已舉辦者計：

## （一）成立華僑教育設計委員會

根據教育部組織法設置華僑教育設計委員會，定委員十一人，於四月底成立迄今，已開全體大會三次，每兩星期開常務會議一次，議決要案甚多，且已次第施行矣。

## （二）調查華僑教育

計頒發表冊兩種，一為華僑學校概況調查表，一為華僑教育團體調查表，頒發後海外各領事已有調查竣事，將調查表呈報本部者。至於華僑學校遵照部頒表冊式樣填表呈請立案者，亦陸續而至。

## 十二、關於編製改進社會教育計劃及實施成年補習教育計劃事項

上項兩計劃均係奉第三屆二中全會決議交部制定，意在使社會教育及成年補習教育均得一有系統之規畫且謀其施行之便利，本部因此特延聘專家多人組織社會教育方案及成年補習教育方案兩編製委員會，先由各會各委員分別規畫，由部彙齊加以整理及補充，始將上項兩計劃分別製成，其內容對於分年進行之程序及經費預算等均有詳細規定，詳載本部改進全國教育方案內，業經呈送中央政治會議，俟奉核定即當按照實施。

## 十三、關於籌辦中央教育館及參加比國獨立百年紀念會事項

籌辦中央教育館係奉第三屆二中全會議決交部籌

辦，應於本年春間成立，本部積極籌備以來，關於組織
設計及建築圖案等均已先後完成，曾經呈報在案，至徵
集成績及其他教育書籍、用品、儀器，調製統計表、報
告表等，亦已有相當成績，並以一部參加比國博覽會，
惟該館館址係指定首都朝天宮舊址，該處房屋均已破
壞，非即日大加修葺並建築新屋不足以資應用，且添購
圖書、標本需款亦鉅，前由本部擬具預算呈請行政院核
發，嗣奉指令與財政部會商辦理，經兩部商定在十八、
十九兩年度內先撥十萬元為籌備費，並經會呈有案，邇
因中央討逆軍興，國庫空虛，應領款項分文未撥，致不
能積極進行，現在全國已告統一，財部當能籌撥款項以
利進行也。至於參加比國獨立百年紀念會，關係國際宣
傳，本部於去年七月間即決定應比國邀請在博覽會會場
內籌設中國教育館，經聘定褚民誼為籌備主任，劉大白
等為籌備委員，並商請中比庚款委員會撥出美金二萬元
以備應用，嗣以工商部擬將工商出品參加賽會，由國府
任命褚民誼為代表，關於徵集出品仍由本部暨工商部分
別徵選，此項教育出品各地應徵送到者甚為踴躍，由代
表辦公處選擇整理後，於本年三月間運往比國，現正與
賽，情形尚未據該代表等正式報告，惟據歐美報紙所
載，我國教育館之成績在比已得相當之榮譽，所得獎品
共數百件，此項比賽出品不日運回本國，擬即陳列中央
教育館內以供國人之參考。

## 十四、關於推行注音符號事項

推行注音符號係第二屆全國教育會議議決要案，

並奉中央議決施行，本部特延聘專家組織注音符號推行委員會先後製定各省縣市推行注音符號辦法，及本京黨政各機關注音符號傳習會辦法等，即組織本京黨政各機關注音符號傳習會，並將注音符號讀法傳習小冊赶期編成，短期內即可分發全國應用。關於注音符號之推行事宜，自經此次提倡，頗能引起國人注意及重視。

## 十五、關於徵集國歌事項

我國國歌需要甚切，特由部製定歌辭標準送登京、滬各大報懸賞徵求，八月底徵集期滿，即組織委員會將所收歌辭加以初步審查，認為尚須將徵求期限延至本年十二月底，現已重行登報布告。

## 十六、關於保護古物古籍事項

我國古物、古籍近頗運出國外，本部為預防起見，對於美國安得思等中亞調查團特與訂立協定，用資防範。對於美國約克羅伯森及德國黎克麥爾斯等請赴新疆測量考察等概予拒絕。對於美國斯密司等請赴滇黔考察則規定限制六條，飭該團按照簽訂。又咨行財政、鐵道、交通等部令行各海關、各鐵路及各交通機關嚴禁古籍運出，並製鑑定禁運古籍須知，呈請行政院鑑核通令施行。

## 十七、關於蒙藏教育事項

蒙藏遠在邊疆，地面遼闊，文化、教育均不及內地之發達，中央有鑒及此，特於二中全會決議關於振興蒙

藏以實行發展教育為入手辦法，並須於教育部特設專管蒙藏教育之司，以便規劃一切。本部遵照斯旨，成立蒙藏教育司，其規劃實施事務略舉於左。

（一）籌備南京及康定蒙藏學校，其組織大綱業經本部修正，會同蒙藏委員會呈奉行政院核准，於九月十九日公布，現正準備籌設中。

（二）設立西藏留京子弟補習學校，本年三月間正式組織成立，學生約三十名，經費由國庫支給。

（三）編譯蒙藏文之書籍，計編譯漢蒙合璧之新學制國語教科書八冊，蒙藏教育實施方案要目及本部各種法規約十餘種。

　　以上為關於實施二中全會之決議案者。至行政院決議中央大學設立蒙藏班一案，經令於本年暑假後正式開班，並由本部會同蒙藏委員會舉行蒙藏留京學生測驗，取錄四十九名，惟因限於經費，尚未開設專班。餘如蒙藏教育調查事項，業由本部製定各種調查表格，分發蒙藏各地調查，統計蒙藏大、中、小各級學校約共五十餘所，社會教育事項如擬定蒙藏各地推行注音符號辦法、徵集蒙藏民眾讀物材料，均通令蒙藏各旗宗分別辦理。

### 十八、關於教育法令事項

　　本年四月間第二次全國教育會議所通過之改進全國教育方案，尚未蒙中央政治會議核准，一切法規只可從緩訂定。半載以來，僅為適應目前之急需起見，訂就法規章則頒發布告明令以資遵守，而利推行。此項法令

除散見上列各節外，茲就其中之犖犖大者略述於左。

（一）修正學校學年學期休假日規程

　　本規程旨在廢除寒假，使廢曆年假之舊習不復存在，而上、下兩學期之日數亦宜相差不多，庶教材之支配得以均勻適合。

（二）關於私立學校之法令

　　（甲）已立案之私立學校在立案前之畢業生、肄業生資格之追認辦法與私立中等以上學校曾經前北京教育部或各省教育廳核准立案而國民政府統治後尚未遵章重行立案者，其畢業生、肄業生資格之追認辦法，均經分別規定，使各該生得享轉學、升學、銓敍、官職、報考文官考試及留學生考試等權利。

　　（乙）未立案私立高級中學畢業生升學預試章程原則及升學預試辦法，與北平、上海兩市內未立案及已停閉之私立專科以上學校畢業生肄業生甄別試驗委員會章程及試驗章程，前者浙、鄂等省均已遵辦，後者先於上海施行，錄取各生均經轉學或升入公立學校，以資深造。

　　（丙）首都及各省市未立案私立各級學校立案期限之布告，使各地各級私立學校遵章依限立案，以資取締而便整頓。

（丁）中央教育研究所簡章，本部為教育行政機關，宜與教育學術相聯絡，以科學的方法謀全國教育之改進，除學術部分與中央研究院各研究所聯絡進行外，擬設此所從事調查研究，以為實施教育方案之準備。

## 十九、關於圖書編審事項

推廣民眾教育為訓政時期最切要之工作，而民眾讀物在坊間出版者殊少適用之。本數月以來，本部對於圖書之編審，除審查教科圖書九十二部，並繼續編譯科學名詞外，尤注重於民眾讀物之編輯。現已編成之民眾讀物二種，一為三民主義千字課，一為注音符號傳習小冊，正在編輯中之民眾讀物一種，即民眾常用字彙，茲分述如左。

（一）三民主義千字課

三民主義千字課係一種民眾學校之教本，該書之編輯分兒童用及成年用兩種，每種均分四冊，每冊二十二課，該書在本年六月底完成，現已送中央訓練部審查，審查完竣並經一度試驗後，尚須徹底修正以臻完善。

（二）注音符號傳習小冊

注音符號傳習小冊係供推廣注音符號之用，該書內容分注音符號和拼音練習及課文兩部分，課文係用

韻文編成。

（三）民眾常用字彙

　　民眾常用字彙之編輯，其目的乃在用統計之方法定立各種民眾讀物用字選擇之標準，擬定之計劃由各種民眾讀料中搜集一百五十萬字，並統計其各字發現之次數，凡發現次數最多者即為常用之字，凡發現次數最少者即為不常用之字，用此方法統計現已完畢者有六十三萬字，擬於今後一年中全部統計完成，並根據統計結果編輯民眾常用字彙。

　　以上各端為本部七月來重要工作之概略，所有第三屆中央執監委員第二次、第三次全體會議議決交辦各案，除因經費無著尚待籌備者外，大都次第遵行。至於今後本部主管事務之進行計畫，自當遵照總理遺教、我國教育宗旨及中央常會全會決議案，隨時擬定呈請中央鑒核，最低標準在訓政期間對於高等教育則擬使現有各大學內容充實，程度提高，力求質量之改進，不遽作數量之擴充，並增派國外留學生，獎勵學術研究及發明。對於中等教育則擬先整理原有之學校，求質量之改進，普通教育與職業訓練兼籌並顧，至於數量之增加取漸近主義，分期擴充。對於初等教育則擬力求擴充，務使全國學齡兒童得受初級小學四年之教育。惟我國面積廣大，各地情形不同，一切辦法力求富於彈性，以期易於實施。對於社會教育，則擬使全國成年失學民眾得受補習性之識字訓練、公民訓練、職業訓練，同時斟酌各地

方情形，推廣體育館、圖書館、博物館、美術館、民眾
劇場之設置，以改良風俗啟迪民智。對於華僑、蒙藏教
育，則擬立謀其教育程度之提高及普遍。至於詳密步
驟，具見改進全國教育方案中，茲不贅述。

# 交通部

本部成立三載於茲，以交通事業關係國計民生至為重大，故雖在國家多故之秋，而上秉總理遺教、黨國指導，舉凡應興應革，莫不殫竭智慮戰勝困難，並依照六年訓政時期擬定施政綱領用作準繩。除三中全會以前之一切工作概況業經報告外，本編所及則限於三中全會以後，即自十九年三月起至十月底止，其間凡八閱月，所有關於交通事業之整理、擴充及設計。撮其大要可分為四：一曰電政事項、二曰郵政事項、三曰航政事項、四曰其他事項。而每項之下又分若干子目，略敘辦理意義及其經過情形，其有未經蕆事尚須賡續進行者，則並記其梗概。茲特分項說明於左，以備察核。

## 一、電政事項

（一）繼續辦理國際電信交涉

大東大北太平洋水線公司合同及中日電信合同均於本年年底期滿，曾經先後據理交涉，前者在原則上已無異議，惟實施辦法尚未能融協，後者處處堅持現有利益，前途暗礁尚多，仍當繼續努力。

（二）進行收回上海電話交涉

上海租界當局取消華洋德律風公司易人承辦之初，即經咨請外交部嚴重交涉收回，嗣該公司實行售給外商，復會同外部據理力爭，並呈准行政院先將華洋公司設在華界之電線實力收回，現正在進行中。

（三）修整電報線路

京漢線九江、武穴、忻春一段，因匪患先後修復四次，隴海、津浦、漢平、魯西、雲貴及滇川交界等處計二十餘段，因軍事關係亦經隨時修復，此外尚有歸德至曹縣、單縣至曹縣、定陶至鉅野、鉅野至曹州各段線路正在修復中。

（四）改良電報線路及增設水線

京滬線路報務繁忙，夏令鴉群棲集線上，入夜發生絞搭，有礙通報，已將戚墅堰至三官堂一段上下更易，並僱用獵戶澈夜射擊驅除，又九江岳師門水線不敷支配，已加放水線一條以資疏通。

（五）規定新式簿記表報憑單

計新式簿記四十餘種，營業損失、資本收支、預算書及預算提要與收支計算書、劃撥收支對照表、分目詳表十餘種，轉賬憑單四種，印發各電政機關遵照改用。

（六）成立電信機械製造廠

電報機器製造廠被焚後暫移麥根路辦公，並將第一、第二製造廠及電池廠併為電信機械製造廠，擇定浦東電池廠另建新屋，俟落成即行遷入。

（七）籌辦各地自動電話

首都自動電話於本年八月一日正式通話。滬漢自動電話線路材料均已到齊，正開始建築房屋，一年內可

以完成通話。青島自動電話擬擴充二百號，不久亦可開
始裝設。

（八）籌辦各路長途電話

　　滬杭長途話線設銅鐵線各一對，於本年二月興
工，至本年五月全部完成，開放通話。又蘇州至嘉興長
途話線業已著手辦理，宜興經無錫至江陰一路正在派員
籌辦，其他零星支線亦稍有推廣。

（九）籌辦國際通信電台

　　本部所籌設中法、中美國際通信大電台之發報台
設於真茹，收報台設於劉行，而以遙控線通於上海，中
美台收發報台房屋已由和興公司承造，於三月十二日開
工，中法電台收發報台房屋則由揚子建築公司承建，於
四月二十日開工，均於本年九月間完竣，其收發報台機
器及天線與遙控線路不日即可次第裝竣，預計本年十一
月間即可試驗通報至上海。中德國際支台業於本年六月
間完竣，能與德國腦恩及荷屬東印度電台通報，並與荷
屬東印度訂立通報合同。

（十）籌設成都及新疆貴州等處電台

　　本部前因成渝電報線路時常損壞，通信不便，擬
於成都設立電台，已於本年九月初間裝設通報。又新疆
與內地通信不便，特商准該省政府協款三萬元，由部代
於迪化、喀什、哈密等處籌設電台七座，近已將款送與
上海電信機械製造廠訂購機器，准於年內起運赴新。又

貴州之貴陽、畢節、銅仁三處本部亦擬籌設電台，已令
飭妥擬設台計劃以憑核辦矣。

（十一）監督民營電話事業

　　查業經報部之商辦電話公司往往有私設長途電話
情事，歷經本部派員調查，其屬於浙江一省者，大致已
取締就緒。自本年三月起繼續核准立案者有南通大聰公
司、徐州公司、無錫公司、平湖永通公司等五家，其未
經核准立案及尚未呈報之各公司仍由本部限期令催，分
別辦理。

## 二、郵政事項

（一）開辦郵政儲金匯業總局及推廣各區儲金局所

　　郵政儲金匯業總局章程經政府明令公布後，即於
本年三月十五日組織成立，並於蘇、滬、浙、皖、贛、
冀、豫、鄂、湘、粵、遼寧、吉黑等十二郵區先後開辦
儲金局所一百五十餘處，儲金數目增加數百萬元，一面
擬具儲金法、匯兌法原則，呈由中央政治會議交立法院
討論制定根本方法，以臻完備。

（二）改訂中美航空合同及歸併滬蓉航空線

　　中美航空合同奉令由部協商修正，經與美商迭次會
議，切實改訂合同，由中美合資辦理，另組新公司，並
將滬蓉航空線併入辦理，賡續開航。

（三）改訂國際郵件包裹資例折合價率

按照國際郵約之規定，將折合價率酌予改訂，計增加百分之五十。

（四）改訂郵務員工組織制度

自郵務長、副郵務長以下分為一、二、三等郵務員，每等各分若干級，不分性別，以考試方法任用，並將郵務員、郵務佐之職務切實釐定，以清職責。

（五）改訂全國郵區

將汕頭、廣東、東川、西川、安徽、江蘇各郵區分別合併，籌備實行。

（六）籌備歐亞郵運航空訂立中法航空合同

經與德商漢沙公司簽訂歐亞航空合同，積極籌備成立。

（七）印製先烈遺像郵票

經飭郵政總局與英商德納羅公司訂立契約，業已製就模樣，正在審定印製中。

## 三、航政事項

（一）籌設航政局

依據本部組織法之規定擬具航政局組織條例草案呈送立法院審議，一面派員分別籌備，均將就緒，俟條例公布後，則滬、漢、津各埠即可次第設立。

（二）救濟航業

　　上海各航業擬集資籌辦航業銀行，專供航商借貸，並請由政府指撥的款發行航業公債一千萬元以資補助，當經會同財政部詳加審核，認為應予設法維持，於將來就增加關稅項下通盤籌撥，現正擬將上項情形及辦法會呈行政院核奪。

（三）新闢海外航線

　　計有二條，一自廈門至菲律濱，一自菲律濱經安南至澳大利亞，前者為華商吳安祿之四山馬 Su Sa Ma，所航行船之總噸數為四千零七噸，後者為華商福記公司之安唐紐 antonio，所航行船之總噸數為三千二百噸，此外尚在計劃擴充之中。

（四）監督航業及核發船照

　　凡內河輪船不遵船舶給照章程行駛，或呈報領照之事項不合者，均經飭令各海關隨時檢查或派員實行丈量，並限制暫行船牌以杜矇混，其有因航線爭執者亦經隨時隨地分別飭查呈辦，加以限制，使一航線內行駛船舶不至擁擠，以息糾紛。自本年一月起至九月底止，共計核發船舶執照九百九十一號，其臨時船照則予停止填發。

（五）監督船員服務及核發船員證書

　　本部自頒布商船職員證書章程以後，因全國海岸綿長，船員散處，加以討逆軍興，北方各埠鞭長莫及，

對於各船員請領證書未能依限竣事，現最終期間展至本
年年底，其自本年一月至九月底計核發甲種證書二十七
號、乙種證書九十一號。

（六）監察航業公會

依照本部頒布之航業公會章程組織航業公會者，
截至十八年底止計有二十五處，十九年繼續成立者復有
吉林、靖安、哈爾濱、青島四處，除奉新及娥江等公會
有因違章收捐或舉動謬妄者，均經查明解散外，其餘尚
能通力合作，而尤以上海、無錫、鎮江、南京等十餘處
為最著成效。

（七）調查外輪出入內河狀況

自制定外輪進出內河艘數及噸數調查表，令由各
海關監督遵照填報，每三個月彙送一次以後，關於外輪
狀況頗為明瞭，擬俟完全查竣，即行製成統計，以備
參考。

（八）籌辦國營航業

籌辦國營航業為航權收回之準備，業經擬具整個
計劃，第一期經費定為五千萬元，船舶分配則揚子江航
線十二艘、華北航線六艘、華南航線八艘、中國外洋航
線四艘，一俟款項有著，即可著手實行。

（九）籌辦國營造船廠

我國除江南造船所外，其餘造船廠規模均極狹小，

本部現正草擬籌設國營造船廠計劃，即在東方大港附近設廠，以備建造總計五萬噸之新船，及同時可修理總計六萬噸之舊船，其籌備經費約需三千六百萬元。

（十）擬定揚子江漢口吳淞間整理計劃

揚子江自漢口至吳淞間，計程一千一百八十公里，其間如崇文洲、太子磯、姚家洲、張家洲等十一處沙洲梗阻，冬春水位低落，吃水十五英尺之船駛至蕪湖即須換用駁船裝運，其東下者周折亦同，影響航運及工商業至鉅，業經擬定整理計劃呈經行政院議交內政部、建設委員會會同本部審查，旋經呈復，請撥的款以便實施。

（十一）整理川江航路

前准四川省政府咨請特設川江航務管理處負責整理，凡江道灘漕口險要之處，將設立標杆派員駐守，或懸置信號標識指示航行，現重慶至敘州一段，及岷江之敘州嘉定段，沱江之瀘州內江段，嘉陵江之重慶合川段，涪江之合川遂寧段，各航路均已分別整理，航行稱便。又川江下游宜昌至重慶一段險灘最多，尤以崆嶺灘為最險，亦正由該處與海關巡工司及宜昌關監督協商會同籌款疏鑿，並經本部咨請財政部令飭該關準備，以便施工。

（十二）審核海上人命安全國際公約

民三倫敦會議簽訂海上人命安全國際公約，迄未施行，上年英國重邀美、日、法、德、意等十八國修訂

新公約，經締約國五國批准後，即於明年七月一日施
行。前准外交部咨據英政府函詢我國願否加入公約全部
或一部，但以我國航業幼稚，加入後能否照公約改進，
自應審慎考慮，現正詳加研究並徵求航業界及專家意
見，會商海軍、財政兩部以便決定答復。

## 四、其他事項

### （一）修訂章制法規

　　屬於電政者，如無線電材料進口護照臨時辦法、
電信機械製造廠章程、電政會計規則及施行細則科目則
例，均經公布施行。屬於郵政者，如現行郵政條例、郵
政綱要、郵政章程等，均已指派專員妥訂呈核，至改
郵政總局為郵務總局之新組織章程，亦經呈送立法院審
核。屬於航政者，海商法業經政府公布，船舶法、船舶
登記法、航業獎勵法、造船獎勵法、航政局組織條例、
航路標識條例、商港通則及海商法施行法等八種，亦均
編訂呈送立法院審議，其餘有連帶關係之章程細則十一
種亦已草擬完竣，俟船舶法審定公布後即可次第頒行。

### （二）編製各項統計

　　如十七年交通統計年報，十八年一月至十九年六
月國內及國際陸線水線收發經轉電報狀況統計，均正著
手編製。其十七年郵政統計專刊原已編就，嗣復加輯
元年以後事實，附以開辦以來簡要歷史，彙類比較更臻
完善。

（三）編纂交通史

本部與鐵道部合設交通史編纂委員會，指定專員從事編纂，分總務、路政、電政、郵政、航政、航空六編，現郵政、航空兩編業已付印，航政編正在審核中，總務、路政、電政三編統限年內完成。

（四）繪製全國航線圖

本部徇航商之請製定是圖，分遠洋、沿海、內河三項，而以通行海輪、江輪、小輪、汽油船為限。

（五）接收威海衛交通行政

威海衛租借地於十月一日收回，所有英人所設之郵電事業及由該埠及劉公島之各航業碼頭、燈台、浮標等，均經派員接收，設法改進，並令招商局籌備津滬班及在該埠停輪事宜。

（六）培植專門人才

上年恢復吳淞商船學校，計設駕駛正預科各一班，招生約百人，本年添設輪機正預科，續招新生四十名，並招駕駛正科插班生十名。上海電信學校本年下學期添設簿記速成班，考選三等報務員四十名，修業半年即派各局任用，並於該校加授國音電報裝置高速度自動電報機，令學生一律練習，俾濟實用。

（七）改良職工待遇

電政方面依照新待遇章程，將全國電務員工薪級

重行核定，並另定繁要職務及邊遠津貼。郵政方面因救濟生活高昂，全國郵務員工一律月加津貼並重訂年獎金成數，增加事病婚喪假期，改訂郵務佐及信差薪級數目及晉級期間。

（八）創辦首都交通職工消費合作社

擬在下關大馬路、城內奇望街各設一社，由部撥給銀三千元補助基金，現城內一社業已成立，擬勸導職工認股再行擴充下關一社。

（九）辦理職工補習班及其子女學校

京、滬、蘇、杭、平、魯等地先後成立郵電職工補習班十數處。上海第一、第二交通職工子女學校本年各添設四年級一班，並擴充學生人數。南京此項子女學校亦在進行籌備中。

（十）整理電政同人公益會

將原有中華全國電政同人公益會改為交通部電政同人公益會，頒定新章並組織籌備委員會積極整理，不久即可成立。

（十一）發行刊物及巡迴講演

對於交通職工，以文字指導則繼續發行自求月刊及各種不定期刊物，以口頭指導則派員分赴職工繁眾地域舉行巡迴講演，而首都各直轄機關則隨時派員參加總理紀念週演說。

（十二）籌設公餘俱樂部

本部職員公餘俱樂部已於本年七月成立，杭州及遼寧郵務同人俱樂部亦已先後成立，蘇州電話局則有公益會，其性質亦與俱樂部相同，均以提倡體育及各種正當娛樂為宗旨，其他各處尚在督促進行中。

總之交通事業經緯萬端，以上所舉事項均係犖犖大者，並本提綱挈領之義，力求簡明，所有每一事項中之詳細進行狀況概不贅及。至今後關於交通一切建設計畫，已詳於六年訓政時期之施政綱領，亦不重敍。惟年來既因國家多故，原定步驟間有蹉跎，現在障礙已除，全國統一，仍當集其全力兼程並進，俾得如期實現。此尤本部所昕夕籌維不敢不勉者也。

# 鐵道部

　　自本年三月閻馮叛變，中央不得已而用兵，於今半年大難始平，職部職掌鐵道，在此軍事期內，所有前定整理建設各項計劃多受影響，未能順利進行。惟對於討逆軍事運輸，日夕督率各路員工竭力服勞，未嘗稍懈，就京滬、滬杭甬兩路軍運工作，計開行軍用專車至五百八十列之多，行車里程達七萬三千公里之數，其每日附掛客貨車開行者尚不在內，該兩路在此軍運期內並能維持客運、貨運毫無停滯，車輛亦不虛糜。他如津浦、隴海、平漢、湘鄂各路則車輛調度幾於十之七八，全屬軍運，以至入不敷支，欠薪數月，而員工咸能枵腹從公，安然無事，此皆仰仗中央威德始足致此也。同時職部對於北方祕密工作亦曾奉國府令籌集款項以充經費，並派部員北上協助，中央所派負責同志共同戮力於偵探逆情、牽掣逆軍，各項工作均著成效，另有報告。凡此均為職部在軍事期內之特別任務。至於刷新部務、整理路政及執行各項建設計畫，職部亦竭其能力所及，黽勉進行，未嘗以時局多艱，曠其職守也。謹擇要報告如左。

## 一、總務事項

　　一為厲行節約，本年三月奉行政院令各機關裁汰冗員一案，經由第六十二次部務會議議決兩項辦法：
　（甲）通令將久不到差及不稱職各員一律裁撤。
　（乙）各路在編制專章未經由部規定施行以前，概不得

添委人員，以防冗濫。

以上兩項，各路均經遵照實行。

　　二為訂定路局編制及組織，職部所轄各路，向就其性質而分為管理局與工程局，現將各管理局依其路線長短、事務繁簡，分為一等局、二等局、三等局，分別訂定各該局編制專章及辦事通則，以部令頒布施行。至於各工程局，則依照修正本部直轄工程局組織規程分別訂定各該局組織專章，通飭施行。

　　三為交通育材之進行，職部因培植交通專材及教育員工子弟，故有派員留學、發展交大及維護扶輪中小學校之責，現在對於外國留學辦理情形約如下列：

（甲）選派留學各生之情形

　　　　自選派留學委員會成立，留學規章修正公布以後，每月經費均提前匯發，各生感奮勤學，交大十七年以前第一名畢業生等十一人，自本年一月選定赴美，先赴各大學肄業半年，再飭赴約定各鐵路實習，俾於學問、經驗兩有所得。

（乙）遴選直轄各路職員出國實習之計劃

　　　　選派留學委員會議決本年內遴選各路學驗俱優職員五十二人分赴各國鐵道、國道製造廠所實習，經分函各國主管機關接洽，得復歡迎，嗣因軍閥叛變，路入銳絀，金價復漲，暫未實行，現秩序漸復，可期實現。

（丙）制定留學生回國任用條例

　　　　俾回國各生得以學成致用。

（丁）頒布路員自費出洋留學規則

　　本規則頒布後，核准留學者津浦路一人、湘鄂
　　路一人。

　對於交通大學辦理情形如下列：

（甲）訂定學校規章

　　自全國教育會議舉行後，大學組織章程課程等
　　均有修正，交大亦參照妥擬規章，由部迭次核正
　　公布。

（乙）增加經費

　　該校十九年度預算計上海本部經常費較上年度
　　增加一十七萬零七百八十六元，臨時費增加一
　　萬二千一百五十元，已由職部核准。北平、唐山
　　兩院則因舊預算已較寬裕，暫仍舊額。軍興以來
　　路收極絀，然均由部按月照額發給，故校務得
　　順利進行。

（丙）擴充研究所

　　就原日工業研究所擴為交大研究所，分工業研
　　究、經濟研究兩部，部再分組，得隨時聯絡職部
　　所轄機關共同研究。

（丁）增設自然科學學院

　　該校為灌輸基本科學、促進工業文化之發達，
　　使大學規模益臻完備起見，增設該院，經部審核
　　照准。

（戊）改善畢業生待遇

　　交大原為培植交通專材而設，畢業生派路實習，
　　已有實習通則之訂定，本年內以該通則尚應補

充，故更頒布實習細則十四條，嚴考核明待遇，使各生感知努力。

對於扶輪中小學校辦理情形，則為戰時功課之維持與改訂校章，查扶輪各校散在各路，沿線校址均在員工集中人數較多之站，但因隣接鐵路，故受戰事影響最大。本年津浦、平漢、平綏各線橫受壓迫者有二十餘校之多，幸各校長熱心維持，未嘗停課，復在可能範圍增加班級。又職部以扶輪畢業各生升學及與地方教育當局相互指導問題，爰依照最近教育方針與理論，並參酌各省市教育實況，由部改訂管理扶輪學校規章十五種頒發各校遵照，以後各校狀況及成績當更日有起色矣。

## 二、業務事項

一為整理潮汕鐵路，該路自去年十月由職部派員整理，計歷時九月，於各項整理大計均經一一推行，業務日有起色，至本年六月遂將路務完全交回該路新董事會接管。

二為減輕國營火柴運費，吾國火柴工業因受瑞典外商壓迫，內感稅釐繁冗，停止倒閉前後相望，迭呈請予救濟，經由職部會商工商、財政兩部，決定凡華廠運輸火柴成品及硬盒片箱板等一律減按四等收費，用示政府維護工業至意。

三為訂改軍運條例，年來軍運浩繁，前舊交通部與舊陸軍部於民國十三年會訂之軍運條例久已失效，職

部成立之始即擬重行另訂，以期整頓而資劃一，年來迭與軍政部會商，至本年五月始將所有會商是案情形及是項條例呈復行政院並請核准轉呈國府施行，旋奉國府第七十八次國務會議決議修正明令公布在案，惟施行日期須另以命令定之，職部經即將該項條例抄發各局訓令知照矣。

四為考核各路工人工作效率，職部為統計各路員工工作效率，增進生產能力，作為改善待遇標準，藉憑賞罰起見，特令各路自本年一月起轉飭所轄廠房段站各主管人員，對於員工工作效率認真統計區別，嚴行考核，每三個月詳細列表呈報，以憑考核。

五為遵行國府公布立法院通過之鐵路員工服務條例，各路員工以向來未有中央頒布之服務條例以資遵守，致風潮迭起，於路務妨阻至多，自本年三月職部奉國府令將立法院通過是項服務條例三十五條明令公布即通飭所屬一體遵照，並按序實行，各路員工糾紛減去不少。

六為勵行工人教育，經先令經濟較裕之北寧路設工人夜校十二處，每校設補習班及特別班，凡入學工人在求學期內得減少下午工作一小時。復令膠濟路設工友補習學校六處，計入學工人達一千七百餘名，均有成績，以後仍將繼續推廣也。

七為優給京滬杭甬路員工生活費，該兩路員工曾於去年普通加薪一次，計月薪在二十元下者月加百分之二十，二十一元至五十元者月加百分之十，五十一元至一百元者月加給住居津貼五元。本年米價高漲，復據工

人請求加給房租、米貼前來，當經核定，自本年七月份起凡月薪在五十元下者，均酌給米貼以示體恤。

## 三、財務事項

一為將粵漢鐵路實行收歸國有，職部自本年一月呈准國府將該路收歸國有，即於四月一日以該路廣韶、廣三段收入為抵押發行公債二千萬元，以收回商股，原定截至九月底止，已換發公債一千二百六十萬餘元，現復展限至十二月底止，到時即可完全收回。

二為規定各路收存款項辦法，經斟酌各路情形，分別規定庫存現款至多不得過若干千元，如有逾額即分送指定銀行存放，復嚴定出納款項辦法十則，關於銀行取款、路局解款及出納課收付均有詳細規定，經通飭遵行，用杜流弊。

三為統一各路財產保險辦法減輕保費，以前各路財產保險多自行處理，保價甚高，虛糜不少，本年始由職部統一辦理，擇保險公司之信用最著、價格最低者二家交其承保，每年節省路帑為數頗鉅。

四為整理各路債務，以前部中對於各路負債多無確數可查，因之整理工作著手綦難，職部年來編制表格，紛向各路調查，一面在部釐訂各種賬簿，分別登記，現已大致就緒。截至十八年止，計各路負債總數屬長期內外債達八萬二千五百餘萬元，短期內外債達一萬三千六百餘萬元，料價債款達一萬零四萬餘元，財政部以鐵路名義訂借，向由財部擔負者，亦達九千二百餘萬元，合計不下一十一萬五千九百餘萬元。職部以鐵道

建設勢必須吸引外資，而欲引外資必須先維舊債信用，故對於經濟稍欲之路，凡懸欠未付者，如北寧之唐榆雙軌借款、粵漢路之短期商欠與乎洋員欠薪等，均經令飭分期清償，一俟軍事結束，國內寧定，再將債務全盤整理，以免長淪破產也。

五為經濟調查，職部為明瞭總理鐵道計畫線沿線經濟狀況，曾規定調查方法三種：曰實地調查、曰委託調查、曰通訊調查，以為選線標準，均經分別緩急先後舉行，如川滇黔桂區、閩浙皖贛區均經實地調查結束回部。至地質調查復與北平地質調查所商定合作辦法，派員分隊分期調查，至本年五月亦已先後結束。此外如各路捐稅調查及未成線沿線各縣輸出入及過境貨物調查，亦分別製表令各路局及委託各省政府查填彙報，以備參考。以上各種調查報告表冊均在整理中。

六為請求接管撥充鐵道建築費之俄庚款部分，雖案經行政院會議決議遵照中央決議將俄庚款三分之二由財政部撥交職部管理，並定前由該款撥付北平教育經費三分之二改由職部擔任，並奉行政院令飭遵，但因時局關係，財政部至今迄未能照辦。

七為取消各路貨捐及各項雜捐案，經三中全會決議，亦因各省政府及財政部未允照辦，現在尚為懸案也。

八為會商鐵路材料納稅計賬辦法案，經行政院會議決議通過，召集財政部與職部會商，惟歷時半載，多次會商以財政部未能同意，至今尚無結果，尚待繼續磋商。

以上（六）（七）（八）三項則均為職部奉令辦理

而尚無效果者，必賴中央再有具體辦法決定，然後始能
於鐵路整理與建設之工作得以放手進行也。

## 四、工務事項

一為各路之新工設計，其辦理情形如次：

（甲）粵漢鐵路之完成工作

　　韶樂段一部土石方及隧道工程已於本年五月實
　　行開工，各橋河底之鑽探工作將次完竣。

（乙）計畫路線之測量工作

　　計湘滇線已測竣五千餘里，粵滇線自昆明測經
　　貴州至廣西之凌雲縣後，以戰亂暫止，欽渝線
　　自貴陽北行至重慶一段，約長五百二十公里，
　　草測完竣。

（丙）京浦車輛之輪渡計畫

　　經擬定用活動橋梁式，設計圖樣已製竣，現由
　　專門委員會詳細討論進行。

（丁）首都中央旅客總車站之決定

　　本年六月經由首都建設委員會第二十八次常會
　　議決，採用部擬計畫，以明故宮后宰門以北地
　　段為中央車站地點，現已派員測量。

（戊）平漢粵漢接軌計畫

　　經聘由美國華特爾博士率同職部技士前往測定，
　　至橋梁江底地質亦已鑽探竣工。

（己）葫蘆島治港工程

　　經與荷蘭公司訂約開工。

　　二為各路之整頓擴充，其辦理情形如次：

（甲）京滬滬杭甬路之整頓改建

　　該路首都車站業已動工，至展長崑山、蘇州、無錫、鎮江等處月台及無錫、石塘灣間等距離較長之處須添設車站，以及設法節煤，枕木試改鋼枕，訓練工人加固橋梁等項，均經飭令籌辦。

（乙）湘鄂路之整頓

　　該路迭受軍事影響，路軌失修，車輛損壞，現就其工機車各務現狀及將來需要情形核定增添設備計畫，飭分五年辦竣。

（丙）南潯路之整頓

　　建築南昌正式車站並於九江站購置躉船、另建堆棧、添設路軌及馬路等項，均經核飭進行。

（丁）各路橋梁之換固

　　膠濟、津浦橋梁本弱，均已著手辦理。

（戊）各路被毀橋樑之修復

　　湘鄂、津浦、膠濟等路經軍事毀壞之橋梁，均於短時間內修竣通車。

（己）各路車輛之添購

　　機車前經添購三十餘輛，現添購貨車三百輛分配各路。京滬路另購鋼車一百輛，俾增運輸能力。

（庚）湘鄂株萍兩路之接軌

　　已令飭動工，約期兩月可竣。

（辛）北寧路唐山皇姑屯兩機廠之計劃擴充

　　已將此案大體核定，並飭局將詳細計劃擬呈核辦。

　　三為材料機廠交通等項之調查研究，其辦理情形
如次：

（甲）歐洲各國鐵路材料製造情形之調查

　　　已令派孫技正謀、凌局長鴻勛兩員辦理。

（乙）日本鐵路機廠組織之派員調查

　　　業飭京滬、膠濟、津浦三路各派機務人員前往。

（丙）聯鎖鋼板橋椿之試用

　　　先在北寧路橋墩試辦。

（丁）路用枕木材料之調查研究

　　　經通令各路呈送木樣、名稱、產地等項到部考
　　　驗，再就本國調查計劃，以興國貨而杜漏巵。

（戊）各路用煤之調查研究

　　　經詳訂表格分發各路詳查聲復，再通盤籌劃，
　　　研究改進。

（己）上海水路交通銜接之研究

　　　查吳淞沿江近海可停巨舶，擬在該處購地建站、
　　　置車場、鋪軌道以接京滬路淞滬支線，並建最
　　　新式大規模之碼頭堆棧，經令飭京滬路等籌議，
　　　復候核辦。

　　職部八月來工作之較為重要者既如右述，自顧成
就，至少按諸中央前此各項重大決議案之交職部負責執
行者，如在去年六月二中全會振刷政治決議案則曰：

（一）厲行鐵道管理統一及會計獨立制，以恢復國營
　　　鐵道事業之信用，而促其發展。

（二）嚴禁軍隊與地方政府非法徵收各鐵路之附加軍

費、鐵路貨捐及其他一切正當運費以外之苛捐
雜費，以便商貨流通而紓民困。

又在撥用庚款發展建設事業決議案則曰：

（一）努力發展鐵道事業，並提前完成粵漢、隴海、
　　　新隴綏各線，由鐵道部負責辦理，粵漢限民國
　　　二十一年底竣工，隴海限民國二十三年底竣
　　　工，新隴綏線限民國二十六年底竣工。

（二）就庚款全部中撥用三分之二為鐵道建築經費。

（三）撥用庚款完成之鐵路及其他建設事業，其母金所
　　　應得之贏餘全數用為文化教育經費。

以上各案均以形格勢禁，無術執行，不特建設新工
不能邁進，即原有鐵路亦以國家不幸叛變紛乘之故，受
損獨巨，如平漢、津浦、隴海、湘鄂各路計兩年以來
營業損失總計不下七、八千萬元，路產之損失雖尚無確
算，其數亦總在四、五千萬元，加以金價飛漲，鐵路負
債無形增加四萬萬元，至債額竟達十一萬萬元之鉅量，
是全國鐵路實已陷於破產之境矣。自今以後，苟非政府
與全國民眾急起直追，對於殘喘苟延奄奄一息之現有鐵
道共同維護，對於發展國富解決民生之鐵道計畫合力促
成，則吾國經濟前途實有不堪設想者。按諸總理之所詔
示，鐵道事業固國脈所關，亦民命所寄也，職部職司所
在，深用危懼，平時召集員司共謀挽救，僉認二中全會
各議案苟不實現，則鐵道事業永無發展之可能，而此次
決議案之執行，則均非職部所能單獨負責者，現計欲整
理舊路，勢非另舉新債不可，欲舉新債，則非清理舊債
不可，欲清理舊債，又非鐵路收入加增不可，而欲增加

鐵路收入，則又非澈底統一路政，取銷一切附加雜稅軍費及補充車輛、恢復設備以暢通貨運不可，顧凡此數事均須鐵道事業確能統一管理，俾得解去束縛，使自由發展，而後始有成效可期也。至於完成粵漢、隴海兩大幹線，今英庚款協定不久可見施行，粵漢完成當可順利，惟隴海完成須靠俄國庚款，前以軍事關係，財部未能即將該款移撥，今既軍事告終，潼陝克復，職部前擬完成該路計劃，只俟俄庚款移撥即可按序實施，此則不得不求我中央執行委員第四次全體會議更有確切之規定，俾職部有所率循也。

# 衛生部

　　查本部組織法，本部共設置五司：一總務司、二醫政司、三保健司、四防疫司、五統計司，均經依法組織成立，惟總務司主管多係本部日行應辦事件，泛常瑣屑，殊少有關大體之重要工作，應請毋庸紀述。此外之醫政、保健、防疫、統計各項，特分別擇要報告如左。

## 一、醫政事項

（一）自呈准將中央模範軍醫院改為中央醫院後，積極組織開辦，分科治療疾病，以便首都市民。該院共設病牀三百有零，自三月以來病人常滿，現正計劃繼續擴充，一方面力求醫學上設備之完全，一方面再謀病牀之增加，以應市民需要，經費已有著落，即當依照計劃分別籌辦。

（二）依照麻醉藥品管理條例會同內政部呈請指定中央醫院為總經理機關，並製定一切執照表式，一俟令准，即擬分別成立各省市之分經理機關，督促遵照條例切實管理，除醫藥用及科學用之少數數量而外，務期一律禁絕。

（三）本部為提倡國產藥材，挽回利權起見，呈准在本京曉莊附近地方購地為藥用植物試驗場，先試種蓖蔴子，已有成績，現正計畫試種其他有關之國產各藥材，並設立考訂、調查、栽培、鑑定、檢明、試驗六部，以臻完密。

（四）管理藥商規則及管理成藥規則均經公布，已遵

照分別督飭各省市切實施行，藉資取締。

（五）西藥進口向無精密調查，經咨請財政部飭各海
關按月將輸入藥品詳細呈報本部，已據各海關遵
辦，本部隨時依以分別取締。

（六）地方衛生行政機關關係重要，應督促依法成立，
經呈院通令各省市限期成立衛生局，並由部令省
市參照浙江民政廳規定辦法，酌量情形設置衛
生科，以期逐漸推行。

（七）公私立醫院之調查業已大致竣事，現正根據調查
所得，依照管理規則實行整頓。

（八）派司長金寶善、蔡鴻等分赴歐美各國考察公共衛
生，期得新法以資則傚。

## 二、保健事項

（一）籌設首都助產學校，業經擇定地址計畫建築，並
擬具預算呈院，更擬在校舍尚未建築以前，假本
部餘屋提前招生開課，以期速成助產人才。

（二）編訂鄉村師範健康教育課程標準、衛生教育師資
訓練課程綱要及中小學衛生教材，聯合教育部舉
行學校衛生會議，舉辦暑期中小學校教員衛生教
育講習會，均經分別辦理，尚有成效，現正計
畫利用寒假繼續舉辦衛生教育講習會，並編訂
衛生教育專刊。

（三）指定無錫為勞工衛生實驗區，派員創立勞工診
所，籌設勞工醫院，並舉行十萬工人預防注射，
頗著成績。

（四）編定健康保險計畫書，已分發各省市查照，並擬
　　　參用該項計畫組織設計委員會審定實施方案、頒
　　　發單行法令、試辦女工姙產保險及團體機關人員
　　　之疾病災害等保健、籌設健康保險辦事及儲蓄
　　　機關。

（五）首都自來水初期工程計劃業經本部核定，並指導
　　　各省市改良自來水，審核自來水廠調查表水質
　　　報告表、井水檢驗報告表，現正計畫彙編統計，
　　　更依照規則切實取締，設法提倡各省、市、縣
　　　多開自流井。

（六）繼續調查國內外醫藥救濟事業，籌劃整理促其
　　　改善，並核定公共場所之衛生設備，督促各省
　　　市依照規則成立公墓，飭由中央衛生試驗所徵
　　　集飲食物品化驗，擬頒適合於衛生經濟之焚穢
　　　爐等建築工程刊物，調查各市之衛生工程圖案
　　　設計。

## 三、防疫事項

（一）頒佈海港檢疫章程，並將上海海港檢疫事務向
　　　海關接收辦理，組織上海海港檢疫所及顧問委
　　　員會，更擬陸續接辦其他海港檢疫事務，先行
　　　接收安東、營口多處。

（二）奉國民政府令飭聯合各機關組織國民政府衛生
　　　隊，攜帶疫苗及注射器分赴隴海、平漢、津
　　　浦、膠濟各路，為前方士兵注射疫苗，以為霍
　　　亂、傷寒兩症之預防。

（三）自五月至九月由本部派員協助上海衛生局作大規模之預防上海霍亂注射，計共注射約五十萬人，所有四鄉來往船隻均施行檢驗，以防杜疫癘之傳播。

（四）製造血清疫苗機關在國內僅有本部直轄之北平中央防疫處一處，本年計劃擴充，業經添購器具、增置房舍，以期產品日益增加，藉應社會之需要，並將該處組織酌量修正，擬訂修正組織條例呈經公布。

（五）由部派員赴滬協助上海衛生局注射預防腦膜炎血清及佈種牛痘，以免天花流行，更督促各省、市、縣遵照種痘條例切實佈種，更計劃廣設種痘傳習所，藉期普及。

（六）督促各地方改良屠宰並實行取締犬類，以防狂犬病之流行，更有籌辦模範屠宰場之計畫，於重要市鎮籌設，以資模範。

（七）派員出席巴黎微菌學會議及日內瓦海港檢疫會議，並參加國聯遠東海港檢疫考察團，藉期增加智識。

（八）提倡清潔運動，參加首都滅蠅會議，派員調查瘧蚊，計畫撲滅。


**四、統計事項**

（一）編製十八年度各市生死統計，計特別市七、普通市二十一，又十九年度上半年各市生死統計，計特別市五、普通市二十七。

（二）編製十八年度各省市醫藥統計，計七特別市、八省，又十九年度上半年各省市醫藥統計，計七特別市、十一省。

（三）編製衛生年鑑，稿經彙齊，即待付印。

（四）前曾製定傳染病報告明信片分發填報，現擬更訂傳染病月報表以求精確，並製發醫院治療病人表填報，以便周知各地方疾病實數，而為衛生施政之標準。

　　此本部自本年三月至十月政治工作之大概情形也。查衛生行政重在實行，曾經設立之衛生實驗區如曉莊、吳淞、高橋、北平、定縣等處，或直接由部辦理，或與地方共同聯絡進行，已著成效，尚擬選擇地區推廣籌辦，以資模範。而衛生各項事業在我國乃屬初創，人才極感困難，現擬制定衛生行政人員訓練所章程，於本部附近成立訓練所，令各省市選送學員來所訓練，以期養成各省市衛生行政下屬工作人員。至於化驗機關，為衛生行政上重要事業，各省市未經設立者均須督促其早日成立。而衛生宣傳，尤直接關係於民眾，前曾編輯各種小冊及各項標語分發各省市，尚擬繼續編輯推廣宣傳，並於明年舉行全國運動大會之時，利用時機籌辦衛生展覽會，藉用灌輸知識。若夫傳染病之預防治療，關乎民命，現正計畫籌辦傳染病院，並調查山西、綏遠、東三省各地鼠疫途徑，以及製造痨瘵疫苗等事，是皆於經濟可能範圍內籌畫進行之件，若獲逐漸實施，則衛生行政事業自可備具規模，進圖發展矣。

# 建設委員會

　　本會職司建設，仰體總理為建設而革命之精神，秉承國民政府所付予之職責，依據總理建國方略、建國大綱、三民主義計畫全國建設，經營國有事業，並指導各省建設之實施。受命以來，夙夜將事，經過工作業經報告以前各次中央全會在卷。值茲四中全會開會之始，本會理應將三中全會以後之工作撮要報告。雖一年以來之中央財政艱苦逾恒，經常、建設兩費皆屬不繼，本會時有無米為炊之感，但於困苦艱難之中，仍未肯因噎而廢食。關於本會主管事業，如水利、電氣兩項，無論關於行政方面、實施方面，靡不於經費支絀之狀況下賡續進行，以有相當之成績。即林礦等項，本會雖不過問行政，然於事業方面亦就經濟人才所能及，或與農礦部合辦，或向農礦部領照，悉力經營。此三中全會以後本會工作之大致情形也。至若各省建設，雖以軍事關係，未能盡量發展，但以本會之監督指導，如江蘇、浙江、安徽、湖南、湖北等省亦已有相當之成績，尤以修造公路暨設置長途電話，進步特為迅速。現今國家統一，為全國建設之良機，此後依據總理建設計畫整個進行，尤視前事半而功倍。謹將三中全會閉會以後本會既往之工作及將來之計畫，擇要報告於後。

## 一、水利事項

（一）籌備治理黃河

　　三中全會決議開發黃、洮、涇、渭、汾、洛等河

水利以救西北民食一案，由本會會同有關係之各省組織
水利機關辦理。本會以洮、涇、渭、洛等河均屬黃河重
要支流，與黃河下游之治理有密切關係，特呈准府院將
計畫治理黃河事宜交由本會統籌辦理，已先行搜集關於
黃河各種圖案卷宗及其他一切資料從事整理，此項工作
約於本年底可以告竣。黃河區域近在軍事範圍之內，調
查測勘不能進行，計畫治理工作頗受影響，現值軍事底
定，擬即召集山東、河南、河北三省河務會議，擬定統
一黃河下游管理之方案，以資通盤籌畫，至上游之水利
工程現在研究調查中，一至相當時期，即當積極進行。

（二）籌畫湘鄂水利

　　本會本年大會以湘、鄂湖江水力關係兩湖國賦民
生至為重大，決議由本會主持會同湘、鄂兩省辦理，
當經擬定測量計畫暨湘鄂湖江水利委員會組織章程呈請
行政院核准令飭財政部撥發經費之一部份，因在軍事時
期，中央經費支絀，迄未照撥，現戰事結束，亟須成
立委員會以資統籌規畫，已派員前赴湘、鄂兩省積極
進行。

（三）編訂水利法

　　水利法為辦理水利之基礎，經本會延聘專家參照
各國成法暨國內情形，現已編訂竣事，咨請內政部發表
意見後再呈行政院咨送立法院議定公布。

## （四）華北水利

華北水利委員會工作，因在軍事時期，經費異常支絀，自本年三月起迄今八個月內僅領到一個月之經常費，致該會在本期內所擬舉辦之各種水利工程及灌溉事業均不能進行，惟對於治理華北各河之計畫，如永定河之治本，箭桿、薊運兩河之整理，子牙河之洩洪水道、獨流入海減河之設計，灤河之改良等，仍在繼續調查研究，只須款項有著，即可隨時興工。外勤工作如水文測驗、地形測量等亦照常繼續進行，計在本期內完成導線測量九百七十六公里，水準測量九百八十八公里，地形測量三千三百四十三平方公里，遼河流域之測量亦已與遼寧建設廳合作完成一部分，仍在進行中。

## （五）太湖流域水利

太湖流域水利委員會亦因軍事關係未能據照核定預算領款，影響工作甚巨，惟精密水準測量、水文測驗及全流域農產航運之調查仍照常進行，各項水利計畫如浙西天目山之防洪水庫、吳淞江、胥江之疏浚，均經詳加研究，以為興工之準備。關於流域內各湖泊湖田之整理及龐山湖灌溉實驗場之設立，亦在積極籌畫中。

## （六）東北兩大港之籌備

關於東、北兩大港測驗時期經費，經三中全會議決交國府核辦，後奉院令准予指定荷蘭退還庚款全部撥充，已催請外交部積極交涉，在本期內以經費無著，僅能從事於一部份之測驗工作。東港方面，如港址之三角

測量、東硤鐵路沿線之地形測量、水陸交通之調查、水文之測驗、自記水尺設立及會同海軍部籌測港址海深等。北港方面如建築測候所、大港唐山間鐵道之路線測量、水文之測驗等,均已依次辦理。現值軍事底定,擬再催外交部進行交涉,以期該款能實行撥用,完成一切測驗工作。

### (七)灌溉事業

本會在武進、無錫設第一灌溉區,利用戚墅堰電力戽水灌溉農田,自本年四月開始試辦,成績頗佳,現正籌畫擴充灌溉區域及減低水費,以利農戶,並擬在其他各省提倡此項事業,以期增加我國農田之生產量。

### (八)浚淞治運

本會本年大會關於疏浚吳淞江及治理杭津間運河兩案,均決議由本會辦理。疏浚吳淞江一案經由本會召集有關係各方會議前後四次,對於施工計畫及籌款方法均已議有端緒,現正籌畫組織機關辦理。治理運河一案,前以山東、河北兩省均在軍事範圍,未克籌辦,現擬召集有關係各省,討論分工合作辦法,以利進行。

### (九)全國雨量測驗

本會以雨量測驗為水利之基本資料,特擬定辦法並編印說明,會同內政部呈准行政院明令交通部及各省市政府轉飭各地郵務局、各縣政府一律如式設立,以為普遍悠久之測驗。

（十）草擬水利建設方案

　　本會奉令擬定水利建設方案，已慎擬呈核，其節
目如下：

（甲）關於水利行政者

　　　　（子）確定中央水利主管機關之職責

　　　　（丑）劃分全國水利區域，設立分區管理委員
　　　　　　　會，並裁併駢枝機關

（乙）關於水利經費者

　　　　（子）中央水利經費擬請指定以每年關稅增加
　　　　　　　額之一部分充之

　　　　（丑）各省水利經費擬請指定以每年土地稅收
　　　　　　　增加額之一部分充之

　　　　（寅）徵收水利受益稅

（丙）關於計畫已定亟須籌款興工者

　　　　（子）導淮工程

　　　　（丑）永定河治本工程

　　　　（寅）獨流減河工程

　　　　（卯）開發西北水利工程

　　　　（辰）疏浚吳淞江工程

　　　　（巳）廣東治河工程

（丁）關於調查測驗及計畫者

　　　　（子）遼河測量

　　　　（丑）黃河測量

　　　　（寅）湘鄂湖江測量

　　　　（卯）太湖流域測量

　　　　（辰）錢塘江測量

（巳）楊子江上游調查

（午）全國水力調查

## 二、電氣事項

（一）電氣行政

本年四月國府公布電氣事業條例後，本會即指定電氣處起草各種電氣行政之規章細則，分別審查訂定，呈准行政院以會令公布。關於行政方面者，計有電氣事業註冊規則、電氣事業人檢查竊電及追償電費規則兩種。關於技術方面者，計有電氣事業電壓週率標準規則、屋內電線裝置規則兩種。以上規則在吾國電業界均有極迫切之需要，公布後已分咨各部、各省市並分令各建設廳遵照施行在案。本年三月以來，各電氣事業之註冊核准者僅二十餘家，日後交通恢復，註冊當可較前踴躍。電壓週率經明訂標準後，已解決日後電力發展及電機製造最大之困難，洋商方面已直接知照並咨外部轉知各國機廠一體注意。至關於中央電氣標準檢定所之儀器設備，已向美國訂購，明年即可開辦，所費不多，收效甚宏。此外電氣事業取締規則為電氣事業條例之重要附屬規則，屋外電線裝置規則於公用安全有極大關係，均已起草完竣，刻正分請有關係各機關團體加以審查，俾收集思廣益之效。每項法規公布之後，本會均積極督促其實施，派員分赴各地視察指導，編製統計，並考核各省市奉行法令之成效，業已視察之電廠計共八十處。

## （二）計畫全國電力發展

本會主管電氣行政，同時亦負有發展全國電力之責任。電氣為百業動力供給之源，新興之工業、崎嶇之鐵道、受災之農田、待發之林鑛，將無不賴之以得最大之經濟。總理遺訓詔示已詳，本會通盤籌畫，擬於軍事底定後，聯合各省市政府、各民營電氣事業人，分工合作依據有系統之計畫，共營全國電氣之建設。第一期內（五年）擬設置六十萬基羅瓦特之發電設備，第二期內（五年）擬設置一百萬基羅瓦特，設置電廠地點悉以動力來源及電力銷場為斷，詳細計畫已擬有草案，某處得由民辦，某處應由公營，因地制宜不能預定。如長江、黃河、珠江、湘江及滇、黔、川、桂等省之水力，則擬由本會會同各建設廳派遣測量隊，並設置水文站以取得確實之設計材料。第一期之發展完全側重煤力電廠，第二、三期始能漸次進及水力輸電線路。較廣之省分擬由本會設置電氣局專管該省之電氣網輸送分配事宜，行政事項則由建設廳商承各該省政府及本會辦理之。至吾國電氣發展之特殊技術問題及人才之培養方法，刻正由本會詳細研究

## （三）籌設揚子江下游電氣網

江、浙二省居揚子江下游，富饒甲於全國，工業電化、農田灌溉最易推行，城市電光電力之需要尤為繁重。本會於本年五月起即從事計畫設置揚子江下游電氣網，西自蕪湖、南京，東至上海、杭州，指導擴充原有較大之民營電廠，如上海、蘇州、鎮江、蕪湖等處，並

於杭州、江陰、無錫、南京等處添造國營大電廠，五年以內官民兩方合添十五萬基羅瓦特之發電容量及五百公里之高壓輸電線路，組成一模範電氣網，使江南之工業、農村、商埠、都邑無一日斷電之虞，有左右逢源之利。其應由國庫支出者預算約為二千四百萬元，已呈行政院有案，在未得相關款項以前，本會擬即於無錫、高橋地點勘購基地百畝，於一年內先設一適當容量之大電廠，與南京新廠同為將來網內之基本電廠，刻正飭由電氣處會同戚墅堰電廠積極進行。

（四）擴充直轄各電廠

　　本會直轄之首都電廠及戚墅堰電廠，為本會發展全國電氣事業之起點，一切技術設施、營業辦法、會計制度均力求精審完備，隨時改進以資他廠取法。本年三月本會電氣公債基金保管委員會成立，依照國府頒布條例籌備發行長期公債一百五十萬元、短期公債二百五十萬元。四月二十三日本會與德商西門子洋行簽訂正式合同，以長期公債一百萬元清償前商辦震華電廠三百餘萬元之股權及債務，震華華股及首都電廠舊債早已分別清償，至短期公債係專作擴充兩電廠機器設備之用。自本年三月至十月，首都電廠已增設一千六百基羅瓦特發電機一座、鍋爐二座、中山路鋼桿輸電線路二十里、配電所一處，並添購下關新廠基地十五畝，新廠設計總量為六萬基羅瓦特，第一及第二機各五千基羅瓦特，決於本年十一月內簽訂購機合同，明年年終可以發電。戚墅堰電廠最近已將由廠至無錫之第二高壓輸電桿線完成，本

年四月曾向德國訂購三千二百基羅瓦特新機一座，明春亦可完工，該廠辦理農田灌溉頗有成績，現已推廣至六萬畝。兩廠廠產估價歷時半載亦已完畢，計首都電廠資產現值一百六十萬元，戚墅堰電廠現值二百萬元。

（五）籌設大規模電機製造廠

本會直轄之電機製造廠新廠址係在上海高昌廟，基地雖廣而資本薄弱，設備不多，半年來除繼續製造無線電機供給前方軍用及製造廣播電台有聲電影機外，擬於年內以二十萬元設一電燈泡製造廠，並於明年籌五十萬元設一電線製造廠，此兩項皆較易著手，而所關係頗屬重大。至各種發電機、電動機及線路機件材料之製造，皆非有鉅大之資本及精深之技術經驗不為功，故數月來本會迭與美、德、英各廠家及德國實業調查團接洽，招請合資承辦，額定資本為一千萬元，本會外商各認半數，以副三中全會決議創辦電機製造廠之原意。卒以本會經濟力量不充，無從進行，惟燈泡廠則以所需資本較小，已決定即日籌辦。又據浙省鑛產調查所報告，浙省餘姚等縣產銅甚多，本會如能設立大規模電機廠，則銅鑛亦擬積極採煉，以圖自給。

## 三、鑛業事項

（一）長興煤鑛

物質建設最重原料，煤之為物需要尤切，吾國鑛藏豐富，多未開採，南部用煤仰給舶來，工商業之命脈不啻操諸外人之手。職會有鑒於此，故於十七年八月將

浙江久經停廢之長興煤鑛接收辦理，迨本年春季產額已達每日三百餘噸，其經過情形具詳上屆報告，近來產額最高每日達四百餘噸，暢銷江浙一帶，復因不敷需求，更在附近廣興地方開拓新鑛，並由長興鑛廠接築鐵道直達該處以利運輸，復添建發電廠一所，將所有機械改用電力，以減成本，各項工程今春開始，現將陸續完成，產額可增一千餘噸。此外如設立洗煤廠，利用最新方法改良煤質及製造副產物如肥料、水泥、汽油等事業，均擬依次舉辦。查長興煤田東起浙江之長興，西迄皖南之宣城，其間煤量豐富，可資採取者甚多在大江南岸，實佔重要地位，將來繼續經營之整個方案，均在積極籌畫之中。

（二）淮南煤鑛

本會為救濟煤荒，抵制輸入起見，除辦理長興煤鑛外，復向農鑛部領照開採皖北懷遠縣煤田，定名為淮南煤鑛，本鑛鑛藏七萬萬噸，煤質尤佳，自本年三月起興工開採，現所開鑿四個鑛井已抵煤層，兩年後第一期工程完成，預計每日可產三千噸，同時並籌備修築鐵道直達長江，以利運輸。

此外本會對於其他煤鐵基本工業亦特別注意，過去調查及計畫之工作甚多，對於久經停頓之鑛冶事業，如漢冶萍問題、如北方各煤鑛問題，以及其他應行開發之各重要鑛產問題，均經先後派遣專家實地調查詳細研究，並分別製就具體計畫，以供上級及主管機關之

參考。

## 四、造林事項

　　本會於十八年五月會同農鑛部呈准國府合辦中央模範林區，暫以首都附近江寧、句容、六合、江浦四縣為範圍，於同年七月組織委員會，分四課辦事，自成立以來積極進行，於湯山、牛首山、小九華山、龍王山設立模範林場及育苗圃，本年春季造林植樹面積共約二萬畝，計松苗五百萬株，其餘風景菓木等高大苗木不下二百餘種，計四萬餘株，復隨時派遣宣傳隊分赴各鄉村演映森林影片，宣傳造林利益，藉以啟發人民愛林思想，並發引起其造林興趣。本年六月遵照三中全會決議，組織略有變更，改組委員會為中央模範林區管理局，一切事業仍照舊進行。以後計畫擬限明年春季將首都附近各荒山一律造林完成，並於訓政時期完畢之年將該林區管轄四縣境內之荒山一律造林完竣，以符中央提倡造林之旨。

　　以上四項乃本會自三中全會閉會時起至現在止工作之經過，雖竭力經營，於事業上不無相當之發展，而究以款項支絀，不克為長足之進步，故工作報告以計畫一項為較多。如以後國內平定，經費有著，由中央指定底款，責以事功，照既定之計畫逐步施行，當可事半而功倍矣。

# 蒙藏委員會

　　慨自外蒙獨立，西藏離貳，中央政令之及於蒙藏者，在北為內蒙六盟、二部、四特別旗，在西僅有青海兩盟及西康之十三縣耳。兼以中原多故，不遑顧及蒙藏，以致各該地方之仍保守其數百年以前之狀態，毫無進步之可言。迨十八年二月一日本會成立後，秉承本黨對內對外政策之昭示，努力於蒙藏庶政之發展，年餘以來初具端倪。茲將本年三月至十月之各項重要工作及正在計劃進行各事項，撮舉大概，臚陳於後。

## 一、關於召集蒙藏會議事項

　　第三屆二中全會決議召集蒙藏會議，報告蒙藏實際情況，討論關於推行訓政及蒙藏地方之一切改革事宜，呈請中央核定施行，交由本會負責辦理。原定十八年十一月開蒙古會議，十二月開西藏會議，嗣以時局關係，趕辦不及，迭經呈准改期至本年五月始開蒙古會議，計蒙古各盟旗及蒙邊各省代表出席者四十七人，討論提案一百三十九件，決議案六十件，結果頗為圓滿。自蒙古會議閉幕後，本會即將所有決議案逐一詳加審核，分別呈請行政院鑒核施行。其最近辦理程度大致如左。

（一）蒙古盟旗組織法案，已經行政會議決議，呈請國民政府轉送中央政治會議核議。

（二）蒙旗保安隊編制大綱案，經行政院令交軍政、內政兩部妥慎核議，兩部對於原案均無異議，

現已呈復行政院。

（三）改進蒙古司法辦法大綱案，呈由行政院轉咨司法院核辦，司法院對於原案表示贊同，已復行政院準備會呈公布施行。

（四）請制定甄拔蒙藏人員單行辦法案，已呈由行政院咨商考試院，決定應先由本會會同考選委員會擬議詳細辦法再行核辦，現本會正在與考選委員會會商中。

（五）關於教育類者十案，關於衛生類者十二案，關於宗教類者六案，關於交通類者七案，關於農鑛墾牧工商者共九案，均已呈由行政院分別令行各主管部會核議具復。其餘如財政、土地及解放奴隸、釐訂法制等案共計十二件，均在聲敘詳情呈請行政院核示遵辦中。以後對於蒙事自應努力於此次決議案之實行，以謀蒙古地方之發展。

至西藏會議，本擬於蒙古會議閉幕後舉行之，因中央與達賴方面互派專員接洽西藏問題，正在進行中，乃決定俟西藏問題大體解決後，再行定期召集。

## 二、關於發展蒙藏教育事項

查二中全會關於蒙藏決議案中，除召集蒙藏會議外，並以實行發展教育為振興蒙藏文化與經濟之入手辦法。本會奉令積極籌辦，其經過情形如左。

（一）整理北平蒙藏學校

該校為國家特設培植蒙藏青年之唯一機關，惟前

政府時辦理不善，學風既壞，成績毫無，本會成立後即決定整頓計劃，如修正組織章程，確定經費預算，並改委雅楞丕勒為校長，不料該校長到任未久即發生風潮，該校舊教職員及少數不肖學生更巧立校務維持會、學生自治會等名目，肆意搗亂，本會復派參事張豫和赴平從嚴查辦，風潮始息，當即改派該參事張豫和兼任校長，負責整理，增加班次，招收新生，管理訓練日漸嚴密，而風潮又起，嗣經查明仍係前次鼓動風潮之人從中作梗，不得已將為首不肖學生開除數人，並擬查辦主使之舊職教員，二次風潮乃告平息。該校去歲增設之自治講習班，本年已畢業一班，現在校長張豫和已辭職，校務由教務主任張景濤暫行代理，校務照常進行。

（二）籌辦南京康定兩處蒙藏學校

　　本案係根據二中全會關於蒙藏教育之決議案，由本會分別擬具兩校組織大綱各一件，呈請行政院轉令教育部核議，嗣經部、會兩方派員會商數次，於八月二十一日呈奉行政院第八十三次院議核准，並將國立南京蒙藏學校組織大綱及國立康定蒙藏學校組織大綱由本會與教育部會銜公布，所有兩校預算及一切開辦事項正在詳慎計劃中，來年當可成立。

（三）商請中央大學增設蒙藏班

　　本案係第十七次國務會議所決議交本會及教育部會同辦理，經教育部令行中央大學從事籌備，復由本會起草招生辦法與教育部會商妥協，決於九月間先開一

班，其程度等於大學預科，一面並由本會通行蒙藏各盟旗宗選送合格學生，現在蒙藏各機關保送學生先後到京者已六十餘名，均由本會招待所供給膳宿已逾兩月，而中央大學以該班經費尚未領到，不能如期開辦，本會以該生等光陰可惜，且於中央信用有關，特函請中央訓練部在中央政治學校增設蒙藏地方自治班收錄，現已到京之學生業經該校允許，俟經費領到即可開學。惟蒙藏各地學生陸續來京者尚復不少，仍須催促中央大學將蒙藏班早日開辦，以便收錄以後到京之蒙藏青年。

（四）保送蒙藏學生入國內各學校肄業

自本會擬定待遇蒙藏學生章程呈請行政院交教育部復議呈准公布後，本會除照譯為蒙藏文通行各盟旗宗外，並函請教育部一再令行國內各校遵照辦理，凡有蒙藏青年具呈本會請求保送者，一經審查合格，依其志願保送入學，其不歸教育部直轄各國立學校，如內政部警官學校等，亦經本會函請其主管機關轉令遵照待遇蒙藏學生章程辦理。

## 三、關於蒙古方面防止外人侵略事項

（一）取締外國教會侵佔蒙古土地

本會前據報告伊克昭盟阿拉善旗等處設有外國教會多處，名為傳教，實則侵佔土地，當經咨行沿邊各省政府暨各盟旗公署詳查具復去後，旋准綏遠省政府咨復該省所屬之托克托和林格爾等縣境內確有外國教會多處，其購買侵佔人民土地有多至百餘頃或數十項者，當

地人民深受壓迫等因，經即呈明行政院抄錄內地外國教
會租用土地房屋暫行章程及補充辦法，並譯為蒙文通行
蒙邊各省政府暨蒙古各盟旗公署轉飭一體遵照，以防再
有外人侵佔土地情事發生。

（二）制止蘇俄壓迫華商

　　北平外館商幫協會於去年九月間以蘇俄侵略外蒙，
摧殘華商等情，呈由工商部轉咨本會，當經據情轉達外
交部，俟中俄開議東鐵交涉時併案解決在案，本年又准
工商部轉據該協會續陳最近情形，其侵略摧殘手段較前
愈為積極等情，復經本會常會決議：
（1）咨請外交部從速提出中俄會議，
（2）轉咨沿邊各省政府設法防止，
（3）函復嘉獎該協會並囑源源報告消息，
（4）由本會設計委員會起草詳細制止計畫，
擬從外蒙整個問題著手，惟以時局關係，執行諸多阻
隔，六月間又准行政院祕書處函送全國商聯會為俄蒙將
華商財物封鎖，懇設法救濟並請妥議保護辦法等情代電
一件，並附華商血淚書一冊，經即會同外交、工商兩部
迭次開會討論，仍認為應從外蒙整個問題入手，會銜呈
復行政院轉呈中央核示，旋於八月二十六日奉中央政治
會議決議候另案討論等因，現在國內軍事漸次結束，對
於本案自應設法進行，以期早日收回外蒙，並規定旅外
蒙內地商人保護辦法，呈請公布施行。

（三）派員慰問呼倫貝爾

呼倫貝爾地方毗連蘇俄國境及外蒙之車臣汗部，故往來頗為便利，去歲中東路事變發生後，該處副都統貴福率官民協力抗禦，備受俄兵蹂躪，而共產邪說亦宣傳甚盛，本會特派專門委員恩和阿木爾為慰問呼倫貝爾專員，並調查該地近況，宣達中央意旨，又電令喜峰口台站管理局局長王福忱協同辦理，當經該員等攜帶宣傳品及各種贈品多件前往該處慰問，所有副都統以下各長官及民眾一致迎迓，歡聲雷動，深感中央垂念邊民之至意，旋即派代表福齡、孟定亞二人來京答謝，復經本會轉請行政院題給該副都統貴福以衛國綏邊區額一方以示嘉勉。此次蒙古會議開會，該處代表亦繞道來京出席，提出關於該地各種議案多件，均有相當之決議，現正逐一籌劃實行，以慰該處民眾之喁望。

## 四、關於西藏方面恢復固有關係事項
（一）派雍和宮堪布棍却仲尼慰問達賴

查本案係去年八月由本會開具條款，擬定人選，呈奉政府批准，令該員棍却仲尼由海道赴藏，於本年春間抵拉薩，達賴聞訊特命西藏文武官員率領軍隊數千人遠道歡迎，有逾前清時代歡迎欽差之禮節。該員住藏數月，詳細宣達中央德意，全藏官民僧俗莫不傾誠內嚮，所有中央交由該員帶去對於西藏問題之解決辦法八條，亦經得到達賴之相當答復。本年八月該專員返京復命，同時並由達賴派為全權代表與中央協商藏事，意見極為融洽。又據該代表聲稱，達賴並派有僧官四人，不久即

可來京，俟到齊後即正式會商解決西藏各項問題，就近來達賴屢次電呈政府及與本會電商關涉西藏事件各文電觀之，其內嚮熱誠溢於言表，藏事前途可抱樂觀也。

（二）調解藏尼糾紛

　　棍却仲尼奉派入藏後，適藏、尼因通商糾紛，尼泊爾已取軍事行動，西藏方面亦準備出兵，該員即電告本會請示應付方針，當經會議至再決定派專門委員謝國樑、參事巴文峻為特派員，分赴尼、藏從事調解，並擬具解決藏尼及中藏問題之條件手續節略呈經國民政府轉送中央政治會議第一百二十次會議修正通過，國民政府第六十九次國務會議決議照辦，仍交由本會負責辦理，當經遵照轉令該員即日首途。前據巴特派員電告，已於九月初行底尼都，承尼主接見，優禮備至，對我國極表好感。又據棍却仲尼代表報告，藏尼爭端現已了解各等語，從此中尼邦交當可恢復。又據巴特派員電告，已由尼回印，攜有尼主致蔣主席書及贈品多種，請示行止等情，本會業已電召其回國矣。至謝特派員係由雲南繞道緬甸入藏，現尚在途中，不久亦當有詳情呈報到京也。

（三）組織駐印度通信處

　　英國侵略西藏係以印度為根據，此次達賴傾嚮中央，該國暗中阻撓甚力，本會以解決藏事正在進行中，對於印度方面之英國消息自不能不加注意，故於本年四月間特派幹員赴印密組通信處，隨時探訪報告，並由本會擇其重要者印送各機關以備參考。

## 五、關於派遣專員分駐蒙藏各地事項

　　蒙藏兩地距京窵遠，凡中央政令之傳布以及地方消息之報告均感重大困難，前清理藩部時代除於直達蒙古各要道中分設台站，專任轉遞公文，照料往來公務人員外，並於庫倫、恰克圖、科布多、烏里雅蘇台、西寧、拉薩等處辦事長官駐在地由部派駐員司以資聯絡，前蒙藏院時期亦多照舊辦理。本會成立之初，即將各口台站加以整理，除令照舊辦理傳遞公文外，並付以隨時報告蒙地消息之責，年餘以來頗著成效，惟僅限於內蒙一隅，而於外蒙、康、藏、新、青等處尚付缺如。現在收復外蒙、西藏等問題均在進行中，若無專員分駐各地，則消息遲滯，應付難周。經擬具蒙藏委員會派駐各處專員條例呈奉行政院令交內政部審議修正，已由本會公布，按照此項條例之規定，應於外蒙之庫倫、恰克圖、烏里雅蘇台、科布多、唐努烏梁海，內蒙之海拉爾、洮南、赤峰、張家口、包頭，新疆之阿爾泰、塔城、伊犁，青海之西寧，西藏之拉薩、札什倫布，西康之打箭爐等處各設專員一人，承本會之指揮監督辦理：

（一）關於宣達中央政情事項，

（二）關於查報蒙藏情形事項，

（三）關於傳遞公文事項，

（四）關於照料公務人員事項，

（五）關於整理台站事項，

（六）關於籌辦台站員丁生計教育事項，

（七）其他特交事項，

一俟預算確定即可次第實行。

## 六、關於設立西康省政府事項

查西康建省早經明令公布，本會以該地介在川、藏之間，倘能從速組織成立，不但西康庶政有整飭之望，於中藏關係之恢復以及西藏地方之建設事業均有莫大裨益，前經擬具計劃呈請政府核議施行，現在全國內政會議行將召集，本會對於此案又擬有擴充轄境、劃清疆界、選擇省會省委人選等具體辦法，以備提交該會議詳加審議，以期完成西康省治，藉謀藏事之進展。

以上所陳，本會最近之政治工作，大都注意防禦強鄰之侵略及鞏固國內各民族原有之關係。其他如任免蒙古各旗札薩克、協理等行政人員等案，均經依例轉呈政府核准施行。又如處理宗教上之糾紛，則有瑞應寺附近僧俗民眾控告察罕殿齊呼圖克圖之破壞、宗教蹂躪民眾，與雍和宮得木奇等控告章嘉呼圖克圖之蒙蔽中央、剋扣錢糧兩案，均經本會派員澈查，並擬就處理辦法呈報行政院核辦，不久即可解決。至於今後之進行計劃，除切實執行蒙古會議各項決議案以及定期召集西藏會議外，並擬於最短期內籌辦下列二事，以利各項訓政之實施：

（一）在首都設立蒙藏文圖書編譯機關，從事於蒙漢文合璧、藏漢文合璧各級學校教科書及其應用圖書，民眾讀物之編輯繙譯與印行，以便散發蒙藏各地，以期促進蒙藏文化之發展。

（二）在首都設立蒙藏現任公務人員訓練機關，分次召集蒙藏地方現任各級公務人員，來京授以相當

訓練，以便期滿後派回原送地方，努力於訓政之推行。

# 禁煙委員會

　　自十七年秋，國民政府頒定新禁煙法，由寓禁於徵主義一變為澈底禁絕主義，以財政部兼管事業一變而特組禁煙委員會專司職掌，限期十八年三月一律肅清，政令既播，各地奉行，四海望風，以為百年積毒從此永祛矣。詎武漢政府陽假禁煙之名，陰行官賣之實，致種後此兩湖特稅之根，又自李白稱兵，馮閻相繼，凡反動勢力瀰漫所及，每多藉抽煙稅以供支應，煙禁前途遂又一落萬丈。禁煙委員會當此時期，鑒國際之評論，審民情之從違，知鴉片一物，萬無與革命政府兩立之理。以是瘏口嘵音，再三呼籲，雖棉力有限，然而風雨如晦，雞鳴不已，人心未死，公道總存，一般言利之徒憚於有此機關，究未便公然倡議明弛煙禁，冀維狂瀾於未倒，則實本會最近工作之宗旨也。茲幸大局戡定，和平統一，滌舊污而新建設，更無急於煙禁者矣。謹分述自十九年三月至十月工作大要情形如左。

## 一、關於交辦事項

　　查三全大會未及討論交由中執委員審查歸納於各項原則之中，經決議通過轉國民政府發交下會辦理者，計有戒吸捲煙運動一案，其由第二次全體會議議決案交由行政院轉發下會辦理者，計有屬行禁絕鴉片及其他代用品實行辦法一案、訓政時期工作分配年表一案、各部會公款存儲中央銀行一案，又奉行政院訓令三中全會決議劃清各部會權限一案，茲分述承辦情形如左。

（一）戒吸捲煙運動詳細辦法本應及早規定，惟因欲求澈底明瞭捲煙流毒起見，現正在派員詳細調查，一俟調查完竣，即行起草辦法呈候核定施行。

（二）屬行禁絕鴉片及其他代用品實施辦法，經已與有關係之內政、外交、財政、衛生、農鑛暨司法行政部往復會商，擬定草案呈請行政院核轉大會鑒核施行。

（三）訓政時期工作分配年表，已遵照擬製分填，呈報行政院在案。

（四）各部會公款存儲中央銀行一案，遵經呈復遵辦在案

（五）前奉行政院訓令以經三中全會決議劃清各部會權限，凡屬全國禁煙事宜概歸禁煙委員會辦理一案，當經分別咨令各省市政府及與禁煙有關各部會暨首都警察廳、各省民政廳一體查照辦理。

## 二、關於禁種事項

近值秋季，正屆煙苗下土之期，誠恐無知鄉民貪圖厚利，不恤以身試法，因是特由本會呈由行政院重申禁令，先期制止，並製表分咨各省市飭屬實地履勘，復迭據皖北、閩南各處報告軍隊庇種抽捐情形，亦經本會先後據呈行政院制止均各在案，茲分述其略於左。

（一）本會呈行政院請通令禁止種植煙苗由，奉旨令呈悉已通令各省市政府嚴申禁令飭屬遵辦矣，仰即知照，此令。

（二）迭准湖北、安徽、吉林、江蘇等省咨復准咨飭
　　　屬實地履勘煙苗填表復轉等因，已令行遵照。

（三）迭據皖北合肥等縣黨部暨人民函呈，皖北衛戍
　　　司令衛立煌派委抽收煙苗捐一案，已據呈行政
　　　院核辦。

（四）迭據福建省禁煙委員會先後電稱，閩南各縣採辦
　　　罌粟預備下種，駐軍迄未查禁，懇速呈國府令飭
　　　軍政部會派幹員來閩查勘，並先電閩省各軍事
　　　長官負責查禁等情，節經據呈行政院轉呈國府及
　　　總司令部核辦，另電閩省府轉飭各縣依照履勘
　　　煙苗章程切實奉行。

## 三、關於禁運事項

　　自兩湖特稅清理處成立，無異變更國民政府對鴉
片澈底禁絕之主張，而為寓禁於徵之辦法，此實與本會
在禁煙法上之立場根本不能相容，奈一再呈請撤銷均
無結果，嗣又聞湖北有特稅附加之議，益屬變本加厲
矣。此事不亟遏止，煙禁安有起色，茲節本會辦理經過
如左。

（一）本會呈行政院請撤銷兩湖特稅原呈略稱，查兩
　　　湖特稅清理處遍設城鄉分處，分卡巧立名目，惟
　　　利是視，非僅礙及煙禁，且與頒佈之禁煙法規條
　　　文大相違背，事關黨國之威信、國際之觀瞻，未
　　　便漠視，伏乞轉呈國府立令撤銷等語，嗣准行政
　　　院祕書處函奉院長諭交財政部併案議復。

（二）本會連閱報載，湖北省政府有設局辦理特稅附加之說，正調查間，復據湖北財政廳特稅附加徵收總局函稱，敝局主辦特稅附加原屬寓禁於徵，以期逐漸廓清，用副貴會之望等語到會，核閱之下無任駭異，誠慮鄂省為之於前，他省效尤於後，益弛鴉片之禁，大潰法律之防，爰呈請行政院飭鄂糾正，未奉指令。

## 四、關於禁售事項

廣東鴉片專賣實為禁售，進行予人藉口之處，本會業已呈請行政院制止取消，未得結果。至於各省市地方除隨時咨請各省市政府督率所屬厲禁無懈外，對於吸煙器具近亦經本會委員會議議決，禁止出售，以符法令。

## 五、關於禁吸事項

禁政進行一面在期未吸者之不再吸，一面在已吸者之能戒吸，本會依此宗旨，於凡關吸煙控案均分別咨轉各主管機關依法辦理，以期警懲外，仍變通辦法，准煙民自首戒煙，不究既往，斯於法治之中兼寓寬大之意。計半年來前後制定規章呈行政院核准公布者，計如左列：

（一）醫院兼理戒煙事宜簡則。
（二）市縣立戒煙所章程。
（三）中央暨各省市調驗所規程。
（四）二成戒煙經費支銷辦法。
（五）禁煙委員會審驗特許戒煙藥品簡章。

（六）各市縣個人及社團創設戒煙所簡則。

（七）福建省委李承翼被控吸食鴉片一案，前經本會依
　　　法呈請調驗，嗣准閩省府其他委員依法公保，
　　　免予調驗，呈報行政院核准在案。

（八）湖北省政府設立湖北省調驗委員會，咨由本會
　　　轉呈行政院，奉指令應改定名稱。

## 六、關於組設各省市禁煙委員會事項

　　按照新頒禁煙法施行規則第二十條之規定，各高
級政府所在地方應一律組設省市禁委會。本會前經遵照
規定辦法，擬具省市禁委會組織條例草案呈送核示施
行，旋奉行政院指令暫緩置議。查此項省市禁委會之組
設實為切要之圖，蓋禁煙事宜關係訓政時期重要工作之
一，若將督理各省市禁煙職權胥付各該高級地方政府，
庶政叢集，既難免百密一疏，而又有顧此失彼之弊，勢
非另行組設督理之省市禁煙機關不可，所以禁煙法施行
規則特有上項規定也。溯在上年組設省禁委會者，計有
兩湖及豫、贛各省，成立以來甚具規模，嗣因軍事業已
撤消，現時存者只有閩、新兩省禁委會而已，成績雖尚
可觀，辦法未臻一致，且以全國省分之廣，幅員之闊，
欲圖根本肅清煙禍，僅恃一二省分未足觀其成績，自應
於各省市所在地方普遍設立禁委會，期收事權統一督促
之效果，藉免辦法紛歧之流弊。茲者軍事幸告敉平，大
局已臻穩固，煙害一日不除即為建設一日之障礙，本會
鑒及於斯重，以職責攸歸，刻正籌劃，擬仍呈請將前送
省市禁委會組織條例草案早日核定，以資通行各省市，

如期組設，俾利進行。

## 七、關於宣傳事項

在此數月中曾釐定六月三日禁煙紀念辦法呈奉行政院通咨各省市如期舉行，本會亦即於是日舉行紀念典禮，並焚燬大宗毒品，由飛機散發禁煙傳單標語，另開禁煙游藝展覽等會三日，參觀民眾數萬，足資觀感，至平時關於禁政消息，隨時送請中西各大報刊登，並按月出版中西公報暨宣傳小冊分寄國內外，其禁煙年鑑亦正在編輯之中。

## 八、關於制定法規事項

在此數月中除關於戒煙各條例之規定已列前第五項報告外，尚有應禁煙進行必需而制定之法規，茲報告進行狀況如下。

（一）各省禁煙委員會組織條例暨查緝處規程草案，奉行政院指令緩議。

（二）修正檢查舟車飛機私運鴉片辦法草案，呈奉行政院修正於四月二十四日公布。

（三）修正縣長履勘煙苗章程草案，呈奉行政院核准交會於五月十四日公布。

（四）修正禁煙罰金充獎規則草案，呈奉行政院核准交會於八月十八日公布。

（五）擬具檢查郵件私遞麻醉藥品辦法草案，呈奉行政院核准交會於九月十六日公布。

（六）擬具民眾建議禁煙辦法草案，呈奉行政院留交

全國禁煙會議參考。

## 九、關於編訂方案事項

近來本會編訂方案，舉其要者有三：

（一）擬訂毒藥調查團第一期工作計劃書。

（二）擬訂調查東三省暨湘、滇、黔等省煙毒狀況計
劃書。

（三）擬訂肅清首都煙禁辦法。

## 十、關於調查各地禁煙實施及煙毒流行各事項

調查工作為本會重要工作之一，惜每困於經費且
因軍事梗阻交通，以致不能多派人員實地調查，不得已
兼採委托調查之方式。茲將所辦情形敘述如左。

（一）派員熊兆南調查東三省煙禁情形，尚未據呈報
銷差。

（二）編印各地公安機關查獲煙案報告表、各地司法
機關審理煙案調查表、審理麻醉毒品案調查表
暨各縣縣長履勘煙苗報告表，以上各表均分別
咨請有關各部暨各省市政府飭屬依式填報。

## 十一、關於考績及處理控案事項

本項工作可分五點說明於下：

（一）呈請行政院嚴令糾正違反禁煙命令之各高級
政府。

（二）規定每年一月、五月、九月為舉行考核期間。

（三）列表通咨查詢十八年度本會咨請查辦關於煙禁

控訴案件經過情形，及本會咨請糾正或設法交
涉關於煙禁案件進行情形。

（四）通咨依照考績條例屬行考核。

（五）通咨各省市政府查詢檢舉公務人員吸食鴉片
狀況。

## 十二、關於國際事項

編纂我國一九二九年度禁煙常年報告送往國聯，
及應付明年四月日內瓦國聯會限制製造麻醉藥品大會提
案，又經召集內政、外交、衛生等部聯席討論國聯提議
之取締麻醉藥品四項辦法，又隨時傳播我國政府禁煙決
心暨其政策於各報紙。

## 十三、關於統計事項

由最近統計結果，大概各地奉行禁政日益加嚴，煙
案破獲日多，鴉片產運漸少，誠為可喜之現象。惟由國
外輸入之麻醉藥品用以代替鴉片者，幾於日盛一日，此
禍烈於鴉片，吸取內地金錢尤難縷計，又堪深憂者也。

（一）各省市縣公安局煙案統計

為明瞭各地煙禁狀況起見，依各省市縣公安局之
煙案報告編製煙案統計調查表格，於去年七月已發去，
使填報民國十七年七月一日起至十八年六月底止所辦
煙案，直至今春前後，送會者有江蘇、河北、山東、
河南、黑龍江、廣東、湖南、福建、江西、浙江、安
徽、吉林、山西、察哈爾、綏遠等十五省，統計結果

計案件二萬一千四百二十九起，以江蘇、山西為多，綏遠最少，吸煙案占總數百分之七十五，煙犯三萬一千八百五十名，農人占四分之一，除十八年二月份煙案最少外，其餘各月煙案為遞增之趨勢，故該年煙禁成績頗佳。

（二）各法院煙案統計

　　各法院煙案之多寡及判罰情形與禁煙亦有關係，依司法行政部送來各法院煙案月報表，將十八年度七十二法院煙案業經統計，共煙案五千三百七十三起，以江蘇鎮江及浙江杭縣兩地方法院為多，而以山東萊蕪縣法院為最少，煙犯六千九百二十八名，罰金二十六萬四千一百四十六元，除罰金外更處徒刑及其他等等，而以處徒刑者為最多。與十七年度各法院煙案統計相較，計案件增二百六十一起，煙犯增三百六十一名，罰金增二萬二千九百二十八元。

（三）各海關查獲私運鴉片及麻醉毒品統計

（甲）民國十八年及本年前半年各海關共查獲數量，根據各海關報告，民國十八年查獲鴉片五十七萬七千二百四十三兩二錢四分，嗎啡九千五百四十兩六錢六分，安洛因二千零八十八兩六錢四分，高根四百二十一兩五錢，外來鴉片四千九百二十三兩，此外更有毒品二十三種。又本年前半年查獲鴉片二十七萬五千二百八十五兩五錢，嗎啡一百五十二兩，安洛因三千四百四十七兩二錢五

分，高根七十二兩，外來鴉片二千二百四十五兩，此外更有毒品十六種。

（乙）五年來外人輸入鴉片及麻醉毒品數量與人數，查外人輸入鴉片及麻醉藥品雖多，而經海關查獲者頗少，蓋彼等恃不平等條約為護符，我方明知其情，亦難以破獲，僅就各海關報告內知國籍之外人統計起來，民國十四年至十八年五年間，共查獲外人二百十六人，內中以日人為最多，德、奧、瑞士人次之，意人最少，而江海關查獲人數占百分之二十九，所運毒品計外來鴉片六千二百零三兩三錢五分，嗎啡一萬八千二百二十六兩三錢五分，安洛因一萬八千五百五十兩一錢六分，高根一千一百六十八兩零三分，此外更有毒品二十種。又十四年份僅查獲外人十八人，至十八年則增為六十九人。

## 十四、處理訴願事項

據廈門神州藥房房主蘇行三呈稱，不服福建省禁煙委員會決議，不准撤封神州藥房店之議決案，認為處分違法，陳明理由提起訴願前來。查蘇行三所持理由，依據刑法所定沒收供犯罪所用之物以動產為限，房屋當然不能沒收，該省禁煙委員會以該藥房為囤存批售煙土機關，依照省府第七號佈告第七項之規定施以行政處分，實行標封，並非法院所科刑罰，蘇行三認標封為沒收，引法力爭，殊屬誤會，本會察核案情，關係禁煙法令至為重要，而該省政府對於本案尚無表示，為免歧貳起

見，已咨請該省政府查復再行決定。

## 十五、關於焚燬鴉片及麻醉毒品事項

查本會前經依據第一次全國禁煙會議決議案，擬具焚燬鴉片及麻醉毒品條例草案呈請行政院轉呈國民政府核定，嗣奉行政院指令由內政、衛生、工商三部與禁煙委員會會商辦法呈候再議等因奉此，旋經召集以上各部在本會開聯席會議，嗣因酌留少數專供醫藥與科學正當用途之問題，一再研究，經由本會第五十四次委員會討論，以該草案原訂之酌留少數條文係依據失效之禁煙法施行條例，茲按照新禁煙法第十四條，凡查獲之鴉片及其代用品均應沒收焚燬之規定，萬無酌留之餘地，依法概應焚燬，未便通融酌留，經商同內政部同意，迭經行政院訓令催覆，現擬由會申述理由，與內政部會銜呈復云。

本會最近工作略要計如上述，惟念法治國之精神重在政府人民均相率以受治於法，而毋使法之尊嚴稍有損害，斯則律令雖簡，言莫敢違，禁煙法令不為不多，然規章愈細，或轉為不肖官吏藉口魚肉良懦之具，而與事實無補，甚或以同一政府之下政令兩歧，此禁彼弛，此罰彼售，有在甲地認為合法之營業，逾境即為乙地所糾發，乙地已繳納稅款放行者，丙地又以為違法私運沒收充公。兩湖特稅及兩廣官賣之弊，其顯者也。嗚呼小民何知覓蠅頭之利耳，既招其來又設罟而阱之，辱失政體，廢墜威信，莫此為甚。此稅一日不撤，禁政何能發

展，國家亦何能進於法治哉。本會前已會同各部協商屬
行煙禁辦法，另案呈請行政院轉呈大會施行。第特稅及
官賣一日不取消，雖日有百辦法，亦徒見其適成具文而
已。心所謂危，不敢不言，幸垂查焉。

# 賑務委員會

自十七年以還，全國幾遍以災聞，所有被災及施賑情形均經分別詳報有案，現查自本年三月起至十月止，各地災情其最甚者為河南、山東、安徽戰地人民損失及遼西水災、長沙匪禍與陝西、甘肅、川、贛等省旱蝗水火兵匪等災交相迭乘，他如晉、冀、熱、綏、察、鄂、閩等省亦多有報災請賑之處，又國外華僑如婆羅洲坤甸之火災、比利時之華工失業，均極慘重。茲將本會對於以上各災區經辦賑務及籌辦進行情形，分述於後。

## 一、呈請政府頒行救災準備金法事項

去年三月，賑災委員會成立，鑒於救災要政須標本兼治，防患未然，爰呈請年撥五百萬元，列入國家預算，充作備荒基金，並交立法院制定大法，以垂永久。本年六月由世英親赴立法院法制委員會列席說明，並經一再函陳立法院請求從速提會通過，現已由立法院制定更名為救災準備金法呈奉政府明令公布施行，其組織及用途均載在法中毋庸贅述，惟冀此法早日見諸實施，俾一切災患問題均可得以解決，並可次第設施防災計劃，誠救災根本之要圖也。

## 二、賑款收支事項

本會自本年三月至十月收支賑款列左：

（一）收入　二十九萬零六百零九元八角八分四厘

（甲）政府撥款十萬元，係編遣庫券二十萬元

抵押。

（乙）指定捐款一十萬零四千三百七十七元三角
二分四厘，係捐款人指定捐助何處賑款。

（丙）普通捐款八萬一千三百五十九元。

（丁）賑款利息，四千八百七十三元五角六分。

（二）支出　二十八萬零八百九十九元五角五分

（甲）指定捐款八萬二千五百八十六元五角五
分，按照捐款人指定災區分撥。

（乙）普通賑款十九萬五千八百七十八元，發
放戰地及各處急賑，又政府撥款併入此
項支配。

（丙）利息二千四百三十五元，發給捐款褒章
各費。

（三）存餘　九千七百十元零三角三分四厘

## 三、戰地賑務事項

本年三月豫、魯、皖境發生戰事，本會奉令交辦
戰地賑務，由本會籌款直接派員辦理者：

（一）歸德

由本會籌撥一萬元，又經募藥品一萬八千餘件，
派員前往會同商邱撫慰會辦理償卹事宜。

（二）曲阜

由本會籌募及向金城銀行息借，共洋八千元，
連同曲阜戰後賑卹委員會經募賑款四千元，共
一萬二千元，及另募藥品五千餘瓶，派員前往
會同散放。

（三）亳縣

由本會籌撥八千元，並飭安徽省賑務會於存款
項下加撥一萬元，派員會同散放。

（四）豫省被災各縣

（甲）河南戰地

前由政府撥發編遣庫券二十萬元抵押現
款十萬元，派本會李委員環瀛前往放
賑，又由本會在賑款項下先後發交河南
省賑務會四萬三千餘元。

（乙）山東戰地

災況較輕而奉交辦理之際，本會賑款適
又支撥告罄，先勉籌三千元交山東省賑
務會擇急救濟。

　　至關於戰地賑務，除已撥款救濟外，本會曾會同
內政部呈請撥發十萬元辦理戰地各災區急賑冬賑，如放
款、放糧、施粥、散衣、施藥、收容各項，均屬急待舉
辦，一俟款項領到，即按照災情輕重，分別派員攜款前
往辦理。

## 四、各地急賑事項

　　數月以來災變紛乘，急待救濟，本會賑款支絀萬
分，僅就災情奇重各區分配賑款辦理急賑，計撥東北赤
禍災區七千八百七十八元，熱河二千元，貴州三千元，
遼西水災、長沙匪禍及婆羅洲坤甸華僑火災各一萬元，
重慶火災五千元，救濟比利時失業華工一千元，江西

三千元，陝、甘兩省各五千元，又查災民就食他省雖屬權宜之計，惟據河南旅平救災會歷次辦理經驗，尚有成效。本會因籌撥五千元匯交北平朱常務委員慶瀾會同該會，並商准鐵道部將河南一部分災民免費運送移實遼黑邊境從事屯墾，並擬俟籌有大宗賑款時再就災區食糧奇絀支處參用，此項辦法酌移災民前往邊疆墾殖，雖移民大計有待統籌，但為災民目前就食計，此項辦法亦不無裨益耳。

## 五、賑品運輸事項

各省賑務會及慈善團體請求本會核准免費運往災區賑品，計河南雜糧四千噸、藥品一萬八千瓶，綏遠雜糧八百二十噸、工賑用品三百噸，山西小米六十噸，浙江麵粉二千一百五十噸、賑米二萬一百噸，江蘇麵粉一百二十五噸、賑米一千四百噸，安徽麵粉二百六十噸、賑米二千噸，河北藥品二十萬零二千瓶、賑米三十噸，助賑書畫三千零三十件。

## 六、查核各省賑款收支事項

賑款發放關係重大，本會爰制定各省賑務會議及縣市賑務分會會計規程及各種表簿賑單格式發交各省縣遵辦，並限期造具放賑冊報連同單據送會查核，以重賑款，俾惠災黎。

## 七、調查及統計事項

本會以災區廣漠，亟應調查實況，藉作救濟標準，

對於統計工作未容或緩，總計業已竣事及尚在整理者有下列各種：

（一）災情種類統計

（二）災害次數統計

（三）被災人口統計

（四）賑款分配統計

（五）經運賑糧統計

（六）辦賑團體統計

（七）各省縣常平倉社倉統計

## 八、徵集國內外救荒書籍事項

本會以救災防災之事，須博訪周諮，廣徵意見，凡有關於防災救災之古今中外著述條陳冊籍等，擬廣事蒐集，以備參考，一面刊登各報備價收買，一面函請外交部轉飭各使領館代為徵集，以收集思廣益之效，計由國外寄來書籍有英、德、芬蘭、瑞士、日本諸國，現正從事編譯，以供研究。

綜以上所舉各端，皆本會近數月來工作大概。惟值此災區廣闊，災情慘重之時，決非少數之款所能救濟。本會念及災民之啼饑號寒，時切疚心，亦深知所經辦之賑，杯水車薪，未能補救於萬一，幸蒙政府嘉納末議，頒布救災準備金法，此後災荒問題得有根本救濟之法。但以目前災況而論，對於救濟之方擬分急賑、工賑及平糶、貸金、給種數種，急賑如放款、放糧、施粥、施衣、收容等，與平糶、給種、貸金諸端均同為救濟，

一時急不容緩。工賑一項，係利用災民寓賑於工，舉凡
開濬、造林、墾荒、築路諸端，無論直接間接，莫不為
防災救災之重要設施。而關於治河一端，各省賑務會多
有草具計劃呈請採擇施行者，徒以款項無著，未能舉
辦，應請政府將本會前呈請撥發賑災公債一千萬元，或
舉辦海關附加百分之二五早日實行，撥給賑款，本會即
當參合災地情形，分別草擬各項工賑計劃，務使切實可
行，災民直接間接均受利益，庶所費無多，所全實大，
災民目前生計可得一部分之解決，然後利用救災準備金
逐年設施救災防災之各種計劃，則吾國此後之災荒問題
得有根本辦法，不難迎刃而解矣。

民國史料 85

國民政府政治工作總報告書
1930 年上冊

Nationalist Government Policy Reports, 1930
Section I

編　　者　民國歷史文化學社編輯部
總 編 輯　陳新林、呂芳上
執行編輯　林弘毅
排　　版　溫心忻
助理編輯　汪弘毅

出　　版　 開源書局出版有限公司

　　　　　香港金鐘夏愨道 18 號海富中心
　　　　　1 座 26 樓 06 室
　　　　　TEL：+852-35860995

　　　　　民國歷史文化學社 有限公司

　　　　　10646 台北市大安區羅斯福路三段
　　　　　　37 號 7 樓之 1
　　　　　TEL：+886-2-2369-6912
　　　　　FAX：+886-2-2369-6990

初版一刷　2024 年 1 月 31 日
定　　價　新台幣 420 元
　　　　　港　幣 115 元
　　　　　美　元　16 元
I S B N　978-626-7370-54-4
印　　刷　長達印刷有限公司
　　　　　台北市西園路二段 50 巷 4 弄 21 號
　　　　　TEL：+886-2-2304-0488

http://www.rchcs.com.tw

國家圖書館出版品預行編目 (CIP) 資料

國民政府政治工作總報告書. 1930 年 =
Nationalist Government policy reports. 1930/
陳新林, 呂芳上總編輯. -- 初版. -- 臺北市：民國
歷史文化學社有限公司, 2024.01

　　冊；　公分. -- ( 民國史料；85-87)

ISBN 978-626-7370-54-4　（上冊：平裝）.--
ISBN 978-626-7370-55-1　（中冊：平裝）.--
ISBN 978-626-7370-56-8　（下冊：平裝）

1.CST: 國民政府

573.55　　　　　　　　　　　　　113000435